時間がない
受験生に
最適な1冊！

採点者の心をつかむ

合格する小論文のネタ

社会科学編

河合塾講師
中塚光之介

かんき出版

はじめに

「社会科学」と聞くと、それだけでカタクルシイ感じがします。

私自身高校生のころは、法律・政治・経済についてよくわからず、大人の話であって自分には関係のないことだと思っていました。正直に言えば、自分や自分の身の回りの手の届く範囲の世界にしか関心がなかったのです。「年金」「GDP」といった単語を耳にしても、正直どうでもよかった。

ただ、私もみなさんと同様に、受験に小論文が必要でした。ですからもちろん、公民や政経の教科書や参考書を手に取り勉強しました。でもどれも難しくて、無理矢理キーワードを暗記する程度に止まっていたというのが事実です。

この本は、社会科学のキーワードを扱った参考書です。しかし、たんなるキーワード集ではありません。キーワードをやみくもに暗記するのではなく、「社会についての語り」の中でとらえてもらうことが目的です。言いかえるなら**僕の社会科学系小論文の授業を聞いてもらう**ようなものです。

読んでいるうちに、社会科学の用語が自然と頭に入り、実際に使えるようになります。キーワードの数はできる限り絞り込み、そのキーワードを具体的にイメージできる具体例や実際のできごとを盛り込みました。辞書のようなキーワード集を読みたくない人には、ピッタリです。そして、かつての僕がそうだったように、多くの受験生はこの本での学び方に賛同してくれるはずです。

もちろん、この参考書だけで社会科学系小論文は完璧、というわけにはいきません。ただ、みなさんが社会について考えるうえで、理解しておいてほしい背景の「大まかなイメージ」をつかむことはできます。この「大まかなイメージ」というのは、意外と大切です。本書を読むことでそのイメージを身につけることができれば、社会の見え方が変わります。「年金」や「GDP」といった単語が、自分の人生に関わる生きた言葉に変わっていきます。そうすればおのずと、小論文の内容が変わります。

大変な世の中です。ぼんやりとしているわけにはいきません。若いみなさんが社会を見る批判的な目を育み、よりよき社会をつくっていくことを願ってやみません。

それでは始めましょう。

2023年3月　中塚光之介

採点者の心をつかむ　合格する小論文のネタ［社会科学編］　もくじ

序章

戦後の日本はどのような道をたどったのか

第一章

現代の日本社会が抱える問題とは何か

第二章 法学・政治学

第三章

経済学・商学

第四章

近代の問い直し

補講

今後の日本社会

カバーデザイン：高橋明香（おかっぱ製作所）
カバーイラスト：平松慶
本文デザイン・DTP：ホリウチミホ（ニクスインク）
本文図版・イラスト：坂木浩子（ぽるか）
編集協力：黒坂真由子

本書の特長と使い方

本書は、社会科学系の学部の小論文を書くのに役立つネタ、つまり知っておくべき知識について解説しています。

本書の目的は、社会科学の文脈のなかでキーワードを理解し、使えるようになることです。覚えるべきキーワードは、本文中で緑色＆太文字になっています（キーワード以外で大切なところは、黒い太文字になっています）。

最初から読み物として、あたかも授業を受けるかのように読むのもいいですし、知りたい分野を選んで、そこだけを読んでもいいでしょう。気になるキーワードを探し、それに関する部分だけ読むのでもＯＫです。

また、社会科学の原理原則を第二～四章で学んでから、現代の日本社会について第一章、そして今後の社会について補講を読むというのもいい方法です。

ただし、個人的には、最初から読んで、社会科学についてイメージをつかんでほしいと思っています。そうすることで、小論文はもちろん、志望理由書や、面接の対策としての「使える知識」が身につきます。

序章

戦後の日本はどのような道をたどったのか

1

1945年以降——太平洋戦争の終結

社会科学という学問は、「世界中の社会」を扱います。ただ、受験生のみなさんが小論文入試に向けて学ぶためには、まずは日本社会のあり方を知る必要があります。とくに太平洋戦争終結後の、いわゆる「戦後日本社会」についてのイメージを持つことが大切です。受験生のみなさんにとって、戦後日本社会などといっても大昔の話と感じるでしょう。もしかしたら「高度経済成長」と「バブル経済」の区別もあいまいかもしれません。

だからこそ本題に入る前に、この序章で、戦後日本社会の、おもに経済的な面について語っておこうと思います。ちなみに「第二次世界大戦」というのは、1939年に始まった世界規模の戦争を、「太平洋戦争」は1941年に始まった日本と連合国の戦争のことをいいます。

まず、戦争が終わった時点で、日本社会は政治、経済、文化のすべてにおいて壊滅状態にありました。長く続いた戦争の莫大な出費が日本に重くのしかかりました。そして**ほとんどの都市が空襲により破壊され、社会の機能を失っていた**のです。

僕の祖父母くらいの年齢の人たちのうち、とくに都市生活者からは、食べ物に困ったという話をよく聞きました。混乱した社会のなかで、困窮しながらもなんとか復興に向けて生活を続けていたということですね。

一方で、1947～49年には**第1次ベビーブーム**が生じ、この**3年間の出生数は800万人以上**となりました。のちに**団塊の世代**と呼ばれることになる世代で、2022年における年齢は73～75歳となります。もしかするとこの世代にあたる祖父母をお持ちの方もいるかもしれません。

この人々がのちに、戦後の日本経済を支えることになりました。

2 1950年代——好景気の時代

1950年に朝鮮戦争が始まりました。

日本が戦争に負け、植民地にしていた朝鮮半島から撤退したことで、この地は二つに分断されることになりました。アメリカ合衆国とソビエト連邦が「38度線で、二つに分けよう」と決めたために、二つの国家が誕生しました。**韓国（大韓民国）と北朝鮮（朝鮮民主主義人民共和国）**です。日本の名古屋あたりで線を引いて、二つの国に分けるようなイメージですね。もし東京に住んでいたら、福岡に住むおばあちゃんには二度と会えなくなります。

これも、資本主義国と社会主義国の対立（117ページ）、つまり冷戦（215ページ）の一部です。

米軍は軍需品を日本国内の各種企業に対して発注しました。日本は戦場となった朝鮮半島に近いため、現地までの輸送に好都合でした。

日本の企業はこの受注によって輸出が伸び、日本経済は戦後の不況から脱することができたのです。これを**朝鮮特需**と呼びます。

重要なのは、**隣国の戦争という外部的な要因が大きなきっかけとなって、日本社会が立ち直った**という点です。

1954～61年は**神武景気**、**岩戸景気**と呼ばれる好景気が続きます（1957年7月～1958年6月までは、なべ底不況でした）。いわゆる、**高度経済成長**の幕開けです。1956年には『経済白書』で「もはや戦後ではない」と記されたように、日本経済は戦前の水準に回復しました。

この頃国民の多くが欲しがった**三種の神器**とは、冷蔵庫、洗濯機、白黒テレビ（掃除機）の三つの家電製品のことです。現在も続く、大衆消費社会の始まりといってよいでしょう。

ちなみに本物の三種の神器は、皇位の印として代々の天皇が継承する、鏡、剣、勾玉の三つの宝物のことです。この言葉には、のちに持つのが当たり前となったこの三つの家電への強い憧れが表われているのですね。

3 1960年代——本格的な高度経済成長の時代

1960年には**国民所得倍増計画**が発表され、本格的に高度経済成長の時代に入りました。1962〜70年の期間、**オリンピック景気**、**いざなぎ景気**と、さらに好景気が続きます。1964年の東京オリンピックに向けた新幹線や高速道路などのインフラ整備、競技施設の建設、オリンピック観戦のためのテレビ需要などにより景気が拡大しました。それにより経済指標である**国民総生産**（GNP）は2倍以上となり、1968年には**西ドイツを抜き自由世界第2位**に。また1964年には、先進国の経済政策のための国際機関OECD（経済協力開発機構）に加盟。**名実ともに先進国の仲間入り**を果たしたのです。

さらに、**新・三種の神器**（カラーテレビ、クーラー、自動車）が急速に普及。多くの人が「自分は中流階級に属する」という意識を持っていたのがこの時代です。**一億総中流社会**という言葉はここから生まれました。

オリンピック
1964
2020（2021）
TOKYO2020

4 1970年代——石油ショックと公害問題

長く続いてきた経済成長ですが、1970年代には、ついに成長が停滞するできごとが生じます。石油ショックと公害問題です。

石油ショックのきっかけは、1973年の第四次中東戦争*です。OPEC（石油輸出国機構）が、原油の供給制限と輸出価格の大幅な引き上げを行うと、国際原油価格は3カ月でなんと**約4倍に高騰**しました。石油を売るアラブ諸国が、「売る石油の量を減らし、その値段も高くする」と決めたために、石油の価格が上がってしまったのです。

*中東戦争：1948年のイスラエル国家成立で始まったアラブ諸国とイスラエルとの間の武力衝突。石油の値段の引き上げは、石油を大量に使用する西側諸国において打撃であった。また、石油を輸入に頼っていた日本においてもそれは同じであった。

これにより世界経済は大きく混乱しました。

日本でも、「石油供給が途絶えれば日本は物不足になるのでは？」という不安から、全国のスーパーの店頭からトイレットペーパーや洗剤が消えました。両親がトイレットペーパーを買い占めようとしていたのを、僕もちょっとだけ覚えています。石油ショックによって物価は瞬く間に上昇しました。急激なインフレ（152ページ）はそれまで旺盛だった経済活動にブレーキをかけ、**1974年度の日本経済は戦後初めてマイナス成長**となりました。

高度経済成長期は終わったのです。

高度経済成長期には、重化学工業化が急激に進みました。その結果、各地で産業公害が多発し、大きな社会問題になりました。

工場廃液に含まれる有機水銀を原因とする水俣病、新潟水俣病（第二水俣病）、鉱山廃液に含まれるカドミウムを原因とするイタイイタイ病、石油化学工場から出る煤《ばい》煙《えん》中にふくまれる亜硫酸ガスによる大気汚染が原因の四日市ぜんそくという四大公害病が有名です。

僕は幼年期、大阪に住んでいましたが、「光化学スモッグ注意報」という大気汚染警報がやたらと発令されていた記憶があります。当時は近所の川もドブの臭いがしていました。これも公害問題のひとつです。生活の身近なところで公害を感じた時代でした。

安い石油を大量に使って製造し消費する資源浪費型経済の中で、**石油の不足は社会に大きなダメージと不安を与え**ました。工業化された社会にとって石油は、なくてはならないエネルギーだったからです。そして浄化することなく工場から垂れ流された廃水やスモッグは、公害を引き起こし、人々の健康に被害を及ぼしました。

石油ショックと公害問題を人の生活にたとえると、十分な食事（石油）がなく、トイレもない（廃棄物や汚染物質の「垂れ流し」）ということになります。そんな状況では、とても経済が回るとは思えません。高度経済成長が終わってしまったのも納得がいきます。

5 1980〜90年代——バブル景気と長期不況

高度経済成長が終わった後、経済成長は鈍くなるものの、1980年代の後半には**バブル景気**がやってきます。

バブル景気とは、1986年12月〜1991年2月頃までの期間を指し、株価の急上昇、不動産価格の上昇、また個人資産なども増大し、社会全体、一般の人々が好景気を実感した時期でした。僕はその頃、高校生、大学生でしたが、アルバイトの時給は跳ね上がり、さまざまな海外の商品が安く購入できたことを覚えています。

そして続く**バブル崩壊**は、1991年から1993年頃にかけて起きた**株価や地価（土地の値段）の急落**のことです。歴史（近現代）の教科書にも載るほどの大きな現象で、長い不況の入り口となりました。

バブル崩壊は、投資家や不動産のオーナーだけでなく、企業経営者から会社員にまで広く影響を与えました。

ここでは、本当に少しだけ、バブル経済がどのように生じたのかを説明します。**ドル安、円高**という単語が出てきますが、よくわからないという方は、32ページのコラムを先に読んでください。

1985年、世界における過度なドル高に対する対策として、先進5カ国によって**プラザ合意**＊が提示されました。これは為替市場に国が介入することで、ドル安に導くことが目的でした。その理由は、アメリカの貿易赤字です。あまりにドル高が続いたためにドルの価値が上がって、アメリカの製品が高額化し、結果、世界で売れなくなってしまったのです。

ドル安にすることでアメリカの製品が買いやすくなれば、アメリカの貿易赤字を減らすことにつながります。これは同時に、日本の輸出を減らして日米間の貿易のアンバランスを縮小することを目的としていました。

プラザ合意によって**ドル相場は下落し、円高ドル安が進行**しました。円高ドル安となるということは、円の価値が高くなる、つまり日本のものが高くなるということで

＊プラザ合意　1985年9月にニューヨークのプラザホテルで行われた先進5カ国財務相・中央銀行総裁会議。ドル高の是正のため、為替市場に協調介入するという声明が出された。

す。そのため日本からの輸出は減ります。外国は高くなった日本製品を買い控えるからです。ねらい通りに、日米間の貿易のアンバランスは解消されました。

しかしそのために、国内景気が低迷することとなりました。この円高不況に対し、**日本銀行は低金利政策を継続**します。低金利になれば、企業が銀行から資金を借りやすくなります。なぜなら、払わなければならない金利が減るからです。こうして、企業が円高メリットを享受し始めたため、景気は回復に転じました。

その後も低金利が続き、金融機関による企業への貸出は続きました。そこで、多くの企業が、銀行から借りて余ったお金を不動産や株式に次々と投資しました。そのため資産価格が高騰し、いわゆるバブル景気となったのです。

少しややこしいので、繰り返します。金利が低いとお金が借りやすくなります。すると企業や個人がたくさんお金を借り、不動産や株を買いまくるので、その価格がものすごく上がっていくのです。**不動産や株を高い価格で売って儲けるということが繰り返され、利益を得た人が増えた**ということを理解しておけばよいでしょう。

6

2000年以降

――長期低迷期

バブル崩壊以降、日本経済は長い不況に突入し、経済成長率は何度もマイナスを記録します。2002年2月〜2008年2月、いざなみ景気と呼ばれる期間があったものの経済は伸び悩み、労働者の賃金の上昇率も頭打ちで、好景気の実感はほとんどありませんでした。

さらに、2008年に米証券大手リーマン・ブラザーズの経営破綻《はたん》をきっかけに、世界的な金融危機である**リーマン・ショック**＊が発生します。

この影響から、2008年度の日本のGDPは前年度比で戦後最も減少し、ついに2010年にはGDPで中国に抜かれて世界3位となってしまったのです。ちなみに、**バブル崩壊からこの時期までを失われた20年**と呼びます。

＊リーマン・ショック　世界のほとんどの国の株式相場が暴落して金融システムに不安が生じ、国際的な金融収縮が起きた。アメリカ、ヨーロッパ、日本において第二次世界大戦後初の同時マイナス成長となった。

２０１２年に第２次安倍政権が発足して以降、アベノミクス*により円安が進み、輸出産業を中心に業績が回復しました。２０１４年４月の消費税引き上げの影響で景気は一時失速したものの、その後はプラス成長が２年間続いています（消費税の引き上げは（８％→10％）、２０１９年10月にも行われています）。

しかしながら、ＧＤＰ成長率は、世界と比較すると非常に低く、好景気を感じることのない状況が続いています。

＊アベノミクス　安倍晋三政権の経済政策の通称。デフレ経済からの脱却や、日本経済を本格的な成長軌道にのせることを目指した。

7

まとめ

大まかにいえば、戦後の日本社会は、１９８０年代バブル景気までの成長期と、１９９０年代以降の低迷期ということになるでしょう。戦後から40年かけて資本主義経済を成長、成熟させ、その後の30年は成熟を終えた後の老いた社会状況といってもよいでしょうか。そのような二つの期間に分けて考えることができます。

もう一つ区切りを入れるならば、１９７０年代の石油ショックと公害問題です。高度経済成長期（一つめの山）が終わりを告げ、経済低迷期に入り、その後バブル景気（二つめの山）という二つの山に分けることも可能ですね。

最後に、戦後日本社会をキーワードでまとめてみましょう。この大まかな流れをつかんでおきましょう。

戦後復興↓高度経済成長↓石油ショック・公害問題↓バブル景気↓長い不況

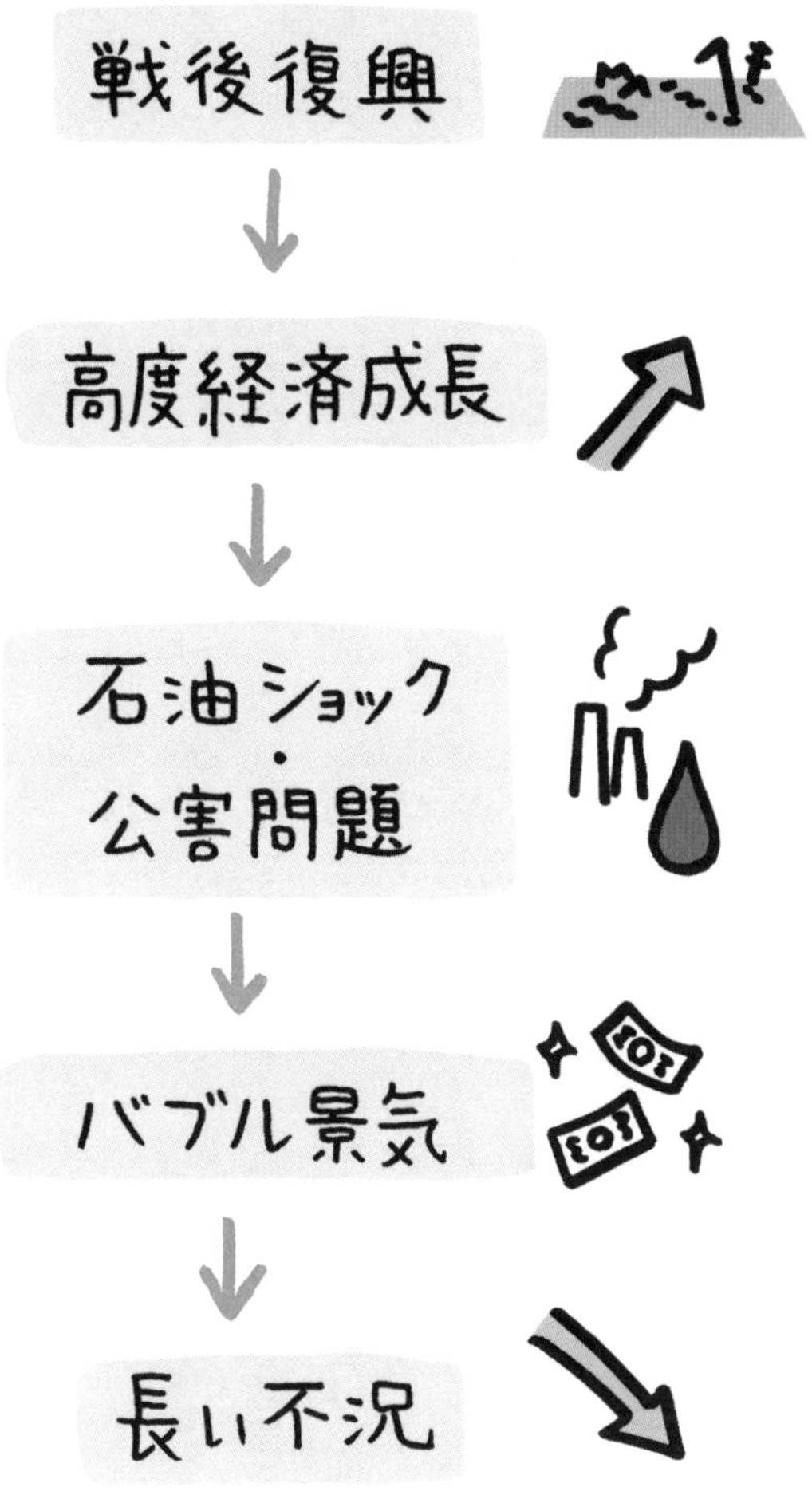
戦後復興
高度経済成長
石油ショック
・
公害問題
バブル景気
長い不況

Column

円高、円安って何？

これは外国為替の話です。外国為替というのは、たとえば円とドル、円とユーロなど、異なる通貨を交換することをいいます。外貨を売り買いすることと考えてもいいでしょう。

最初におさえておきたいのは、この「～高」「～安」というのは、「ある時点を基準にして高い」「ある時点を基準にして安い」ということです。ですから同じ数値でも、基準とする日にちや時期が違えば、「～高」と呼ばれたり「～安」と呼ばれたりします。絶対的な値ではないということです。

○円の「価値」で考える

では具体的にドルと円の交換を例として説明しましょう。

たとえば今日の為替レートが、「1ドル＝100円」だとします。これは「1ドルを、100円の円と交換できる」ということを意味します。円の側から考えると「100円出せば、1ドルと交換できる」ということですね。ちなみに為替レートは、今この瞬間も絶えず変動し続けています。

基準とした「1ドル＝100円」が、「1ドル＝90円」になるのが「円高（ドル安）」、「1ドル＝110円」になるのが「円安（ドル高）」です。「100円から90円になるのになぜ円高？」と思うかもしれません。これは「今まで100円した1ドルが、90円で買えるようになった」ということです。つまり**円の価値が上がった**ということなんですね。

そして「1ドル＝100円」が「1ドル＝110円」になるということは、円の価値が下がるということ。今までより多くの円を払わないと、1ドルと交換できませんから、「円安」、つまり**円の価値が下がった**ということです。

海外旅行を例に

では、実際の生活で考えてみましょう。アメリカへ旅行するために円をドルに交換します。話をわかりやすくするために、ここでは交換手数料を除いて考えます。

「1ドル＝100円」とするならば、あなたが両替所で1万円を出せば、それは

100ドルになって戻ってきます。逆に日本に来たアメリカの旅行者であれば、100ドルは1万円になります。このように為替レートによって、手に入れられる外貨の金額が決まります。

旅行2日目、手持ちのドルがなくなったので、あなたは両替所に行きました。その日の為替レートは「1ドル＝110円」。100ドルを手にするために、今度は1万1000円が必要となります。1000円も余計にかかってしまいました。**昨日よりも「円安（ドル高）」**だったからです。

そのまた翌日あなたが両替所に行くと、その日の為替レートは「1ドル＝105円」でした。100ドルを手にするために、今度は1万500円が必要です。昨日よりは円の価値が高いので「円高（ドル安）」ですが、**初日と比べるとまだ「円安（ドル高）」**です。

36ページの図で確認してみましょう。

ちなみに、戦後は長い間固定為替相場制といって、「1ドル＝360円」で固定されていました。現在のように**変動為替相場制となったのは、１９７３年以降**のことです。過去最大の円高は２０１１年10月31日の１ドル＝75円32銭。現在と比べても大幅な円高です。

２０２２年10月20日には、「１ドル＝１５０円」を更新し、32年ぶりの円安水準となりました。たった10年超で円の価値が半分程になってしまったわけです。

1ドル＝90円

1ドル＝100円

1ドル＝110円

（1ドル＝100円 → 1ドル＝90円：円高）
（1ドル＝100円 → 1ドル＝110円：円安）

旅行の例では……

初日　1ドル＝100円

2日目　1ドル＝110円

3日目　1ドル＝105円

（初日 → 2日目：円安）
（2日目 → 3日目：円高）
（初日 → 3日目：円安）

＊3日目は、2日目に対しては円高、初日に対しては円安

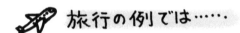

第一章

現代の日本社会が抱える問題とは何か

本章では、現代の日本社会が抱える問題についてお話しします。
序章で述べたように、日本社会は20世紀後半、
著しい発展を遂げました。
しかし21世紀になると経済的に停滞し、
さまざまな問題を抱えることになりました。
そうした日本社会の諸問題について学ぶことは、
社会科学のさまざまなテーマについて考察するのに
大いに役立つでしょう。

第一章に登場するキーワード

少子高齢化

ある地域において、出生率が低下し、それと同時に平均寿命が延びていくこと。つまり、少子化と高齢化が同時進行している状態。結果として、若年者の人口に占める割合が低下し、高齢者（65歳以上）の人口に占める割合が上昇していくことになる。ちなみに、高齢者の人口比率が7％以上14％未満の社会を高齢化社会、14％を超えると高齢社会、21％を超えると超高齢社会と呼ぶ。

非正規雇用

正規雇用以外の有期雇用のこと。パート、アルバイト、派遣社員、契約社員、臨時社員、嘱託社員などの雇用形態がある。近年では、この他にも多様な働き方がある。

いわゆる正社員ではない雇用のことを指す。

格差・貧困

あるものと別のあるものとの違い、とくに両者の優劣の差のこと。社会科学では、「所得格差」「格差社会」「貧困率」「子どもの貧困」など、経済的な格差をおもに扱う。

国際化・グローバル化

国際化とは、国家や国境を越えて、ヒト・モノ・カネ・情報の交流が行われること。これに対して、グローバル化は、国家や国境の役割自体が意味をなさなくなる現象。つまり、ヒト・モノ・カネ・情報が自由に行き交うような状態になること。グローバリゼーションと同意で使用される。

また、グローバリズムとは、グローバル化を進める思想である。

1 〈少子高齢化〉若者は親世代の「半分」しかいない

生まれてくる子供が80万人を切りそう

日本では、戦後間もなく第1次ベビーブーム（団塊の世代　17ページ）、そして団塊の世代の子どもたちが生まれた第2次ベビーブーム（団塊ジュニア＊）がありました。これにより、人口は急速に増大しました。みなさんの祖父母と両親の世代に当たっているかもしれません。

しかし、団塊ジュニア世代は次の世代を増やすことはなく、**人口増加は21世紀に入ってストップ**しました。つまり、少子化の時代に入ったということです。団塊の世代、団塊ジュニア世代……どれくらい出生率が減っているか、数字で確認しておきましょう。

＊団塊ジュニア　１９７１～74年の第2次ベビーブーム時代に生まれた人々。団塊の世代の子どもに当たる世代。

平成28年の合計特殊出生率(確定数)は1.44で前年比0.01ポイント低下、平成29年の出生数は過去最低の94万6065人で、前年比約3万6000人減少した(2021年はさらに減少し、81万1604人)。

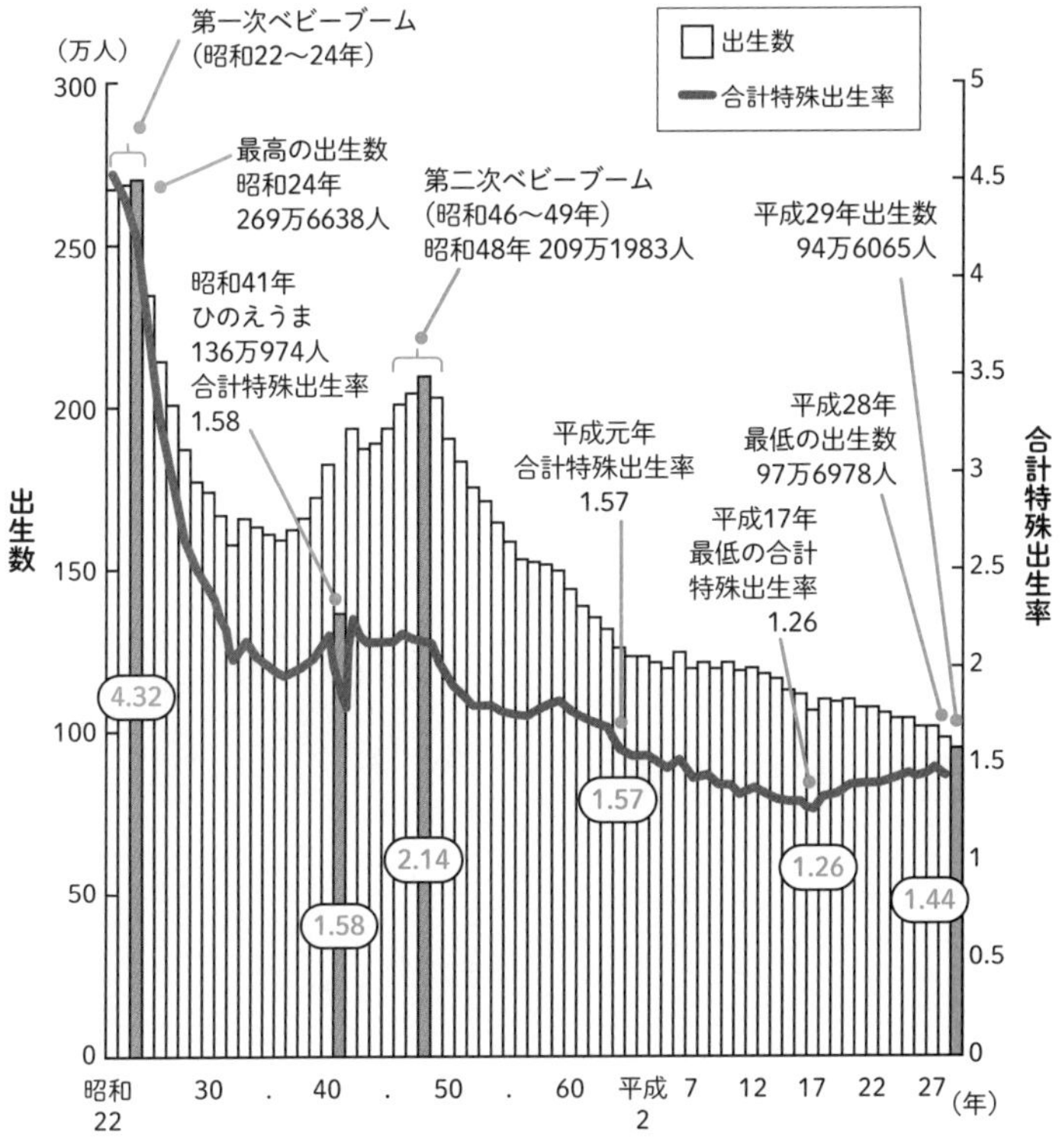

資料:厚生労働省「人口動態統計」他

グラフ　出生数、合計特殊出生率の推移

塊ジュニア、受験生世代、直近の出生率の数字を見て、1年間に生まれる子どもの数の違いを実感してください。

前ページのグラフを頭に入れつつ、また、この数字を頭に入れつつ、この後の説明を読んでいただければと思います。

1949年（昭和24年）生まれ　269万6638人　過去最高値。団塊世代。
1973年（昭和48年）生まれ　209万1983人　団塊ジュニアの中での最高値。
2003年（平成15年）生まれ〜2015年（平成27年）生まれ　約100万人〜110万人
2021年（令和3年）生まれ　81万1604人　過去最低値。

厚生労働省政策統括官（統計・情報政策、政策評価担当）『人口動態統計』（1900年以後）他より

子どもが減り、お年寄りが増える

出生率が低下する一方で、戦後、平均寿命はどんどん延びていきました。公衆衛生の向上、栄養価の高い食物の摂取、医療の充実がその理由です。そのため、**高齢者の人口は増加**します。これが高齢化です。

この二つの現象を合わせて、少子高齢化と呼ぶわけです。

ちなみに、全人口に占める15歳未満人口の割合は12・5%(2015年)から10・7%(2045年)に下降する一方、65歳以上人口の割合は26・6%(2015年)から36・8%(2045年)に大きく上昇するだろうと予想されています。**子どもは10人に1人で、3人に1人が高齢者**ということになりますので、少子高齢化がどれほど社会を変化させるかがわかると思います。

少子高齢化が進むと、当然、15~64歳のいわゆる**生産年齢人口**も減少していきます。これは簡単にいえば働く世代です。この世代が少ないと、年金や医療保険といった社会保障の負担が大きくなります。なぜなら働く世代が納める税金や社会保障費で、これらの費用が賄われているからです。人数が少なければ（そして支えなければいけない高齢者が多ければ）、**1人当たりが負担する費用は重く**なります。

2045年には、1人の高齢者を1・4人の生産年齢人口で支える時代が到来するといわれています。

経済が恐ろしいほどに縮小していく

また、労働力人口の減少は、経済にマイナスの負荷をかけます。これを**人口オーナス**と呼びます。人口減少は、国内市場を縮小させます。ものを買う人が少なくなるからです。

ですから投資先としての魅力も低下し、イノベーションも生じにくくなります。つまり、成長力が低下していくわけです。

こうした人口急減・超高齢化による経済規模の縮小が始まると、それが更なる縮小を招くという**縮小スパイラル**に陥るおそれがあるのです。縮小スパイラルが生じる

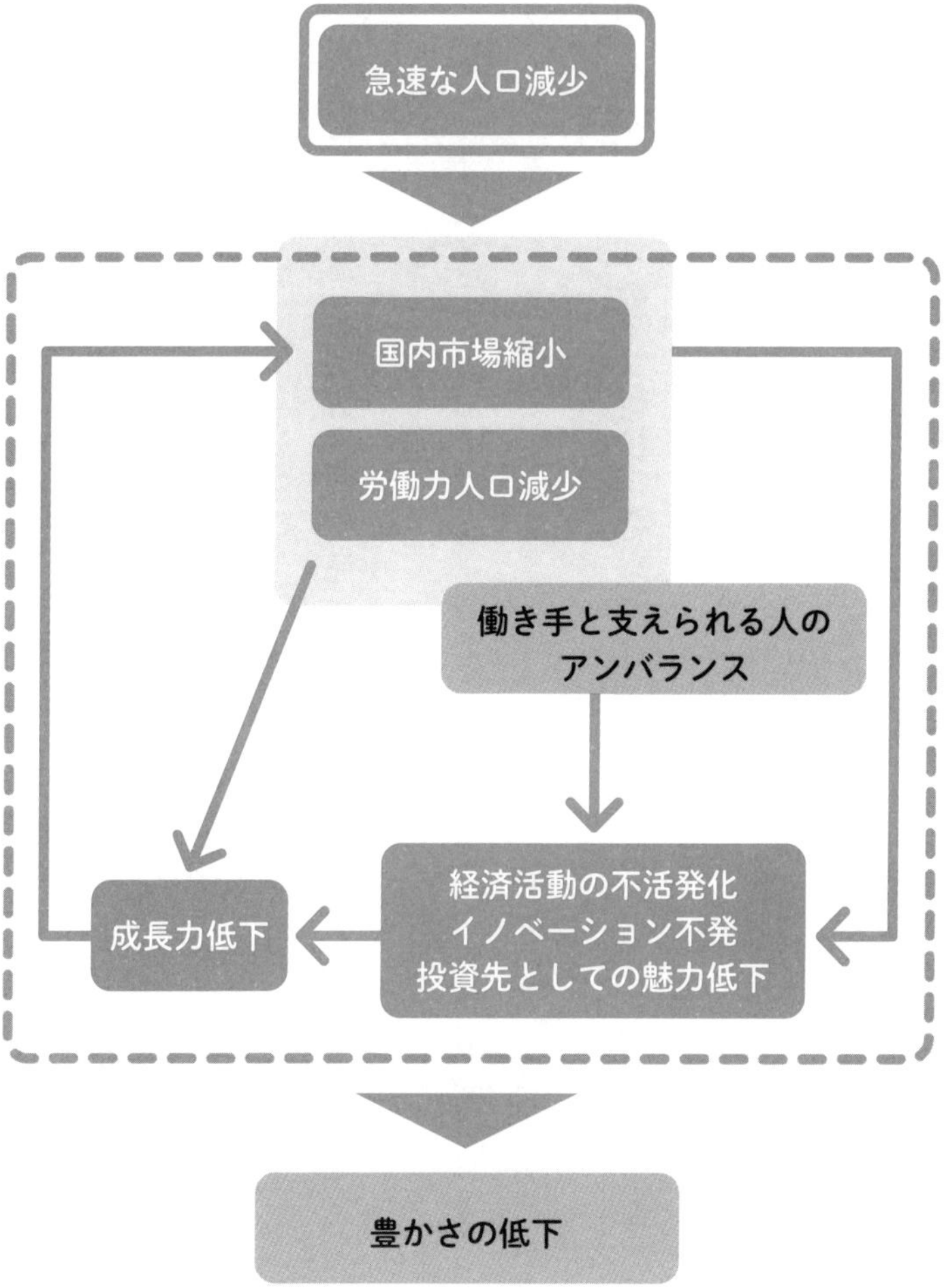

図　縮小スパイラルのイメージ

と、国民一人ひとりの豊かさが著しく低下するような事態を招きかねません。

さらに、税収の減少が国の財政赤字を進める可能性があります。つまり、**国の収入より支出が多くなり、お金が足りなくなってしまう**ということです。国際的信認が損なわれ、財政破綻リスクが急速に高まることも考えられます。

人にたとえるなら、給料だけでは足りず借金してお金を使い、周りから信じてもらえなくなる、といった感じです。

借金が大きくなると、国も破産することがあります。２０２２年にスリランカのウィクラマシンハ首相が破産を宣言したのは、記憶に新しいところです。

今の「当たり前」が維持できなくなる

少々難しい話、そして暗い話が続きました。

ただ少子高齢化という状態が社会に「壊滅的な影響」を与える可能性が高いということは、理解しておいてほしいと思います。このままの状況が続けば、現在**私たちが受けている、国や企業によるさまざまなサービスが当たり前ではなくなる**はずです。

企業に力がなくなれば給料が減ったり、パート、アルバイト、契約社員といった非正規雇用（38ページ）が増えるかもしれません。

政府の財政が悪化すれば、きっと年金や生活保護の金額が削られるでしょう。そうなると、最低限の生活もままならなくなります。医療費の負担が今よりも重くなれば、病院に行くのをやめる人が出るかもしれません。社会全体にこのような暗雲が垂れ込めるようになると、安心して過ごせる社会ではなくなってしまいます。犯罪が少ないために夜中でも街中でぶらぶら過ごしたり、24時間自由に好きなものを買うことができたりといった、今の当たり前が、当たり前でなくなるかもしれないのです。

少子高齢化が加速し続ける現在、そのような気配が忍び寄っていないかどうか注意深くなる必要がありそうです。

2 〈非正規雇用〉非正規雇用は増え続けている

非正規雇用と正規雇用をざっくり比較してみよう

非正規雇用とは、パート、アルバイト、契約社員、派遣社員、嘱託社員などを指します。ここではもう少し踏み込んで、非正規雇用とは何かを表にして整理しておきたいと思います。まずは正規雇用と比較してみましょう。

非正規雇用	雇用期間の定めがある／労働賃金以外の保障がない（健康保険、年金、昇給、賞与、退職金など）
正規雇用	雇用期間の定めがない／労働賃金以外の保障がある

ものすごく単純化すると、このようになります。

非正規雇用というのは、一定の期間、賃金のみ払えば雇うことができる制度ということですね。

では、非正規雇用のメリット・デメリットについてもまとめます。

会社側のメリット	会社の都合で社員の数を調整できる(クビにしやすい)
会社側のデメリット	スキルアップが望めない／会社への責任がない

会社は忙しいときに新しい人を雇い、仕事がなくなったら辞めてもらうことができます。

従業員側のメリット	仕事量や時間を自分で調整できる／サービス残業などを会社から強いられることが少ない
従業員側のデメリット	賃金が安い／賃金以外の保障がない／スキルアップできない／雇用期間が短い

会社に縛られることなく働ける一方で、賃金は安く将来の保証もありません。

従業員のメリットもありますが、やはり会社側のメリットと従業員側のデメリットが目立ちます。会社の人件費削減のために、従業員が不当に雇われているというイメージです。みなさんもこれだけ見れば、正規雇用の方がよいと思いますよね。

なぜ、非正規雇用が増えたのか？

非正規雇用が増加した要因には、さまざまあります。

そのひとつが、１９８０年代の輸出産業の停滞です。なかでも石油ショック（22ページ）や円高（26ページ）の影響を受けて、製造業の採算が悪化したことが大きな原因です。

それまで日本の労働者は、**年功序列制度**と**終身雇用制度**に守られていました。つまり**正規雇用であれば、定年までクビにならず、歳をとれば給料が上がる制度の中で安定的に働くことができた**のです。

しかし、労働者に対する人件費削減を求める産業界の意見によって、1986年に労働者派遣法が制定されました。経営者側は、正規雇用の労働者に高い給料を払う代わりに、**非正規雇用の労働者を増やすことで会社の負担を減らす**ことにしたのです。

この法律は、現在までたびたび改正されています。そのたびに、正規雇用の削減と非正規雇用の増加が進んでいます。

そして、1990年代にはバブルが崩壊し、日本経済が長く低迷してきたことは序章でも説明しました（25ページ）。

1993年にはパートタイム労働法が制定され、企業は経費削減のため、年功序列制度と終身雇用制度を放棄しました。正規雇用を減らし、いつでも解雇できる非正規雇用を増やしていくという状況になったわけです。

日本の賃金はアメリカの3分の2。韓国にも追い抜かれる

日本は長年にわたる非正規雇用労働者の増加によって、賃金が上昇しませんでした。

日本の平均賃金は、アメリカの労働者の平均賃金の3分の2以下（半分とも）といわれています。ヨーロッパ主要国に対しても7～8割程度で、お隣の韓国よりも低い水準です。この本を書いている間にも、円安が進んで、もっと差が出ているかもしれません。

最低賃金は都道府県によって違いがありますが、たとえば2022年10月の東京都の最低賃金は1072円。1日8時間、週5日働いたとしても、月のお給料は17万円と少しです。

このような低賃金は、**非正規雇用労働者にとって結婚や出産をあきらめる十分な理由**となります。また通常、結婚や出産は、大型消費につながるイベントです。結婚式、新婚旅行、そして新生活のためのマイカー、マイホーム、新しい家具、電化製品などなど。そういった買い手が減れば、国内市場も停滞してしまいます。

企業は短期的にはプラス、しかし長期的にはマイナス

非正規雇用労働者を増やすことで、短期的にはコスト削減により、企業経営の改善

になるかもしれません。しかし、長期的発展を考えるとどうでしょう？

働く人材を育てたり、技術を継承したりすることが難しくなります。**企業の長期的成長を支えるための人材が、企業の中に育たない**ということです。過度な非正規雇用労働者の増加は、見直す時期にきているといえるのです。

車を製造するA社が、コストを下げるために安い給料で非正規雇用者ばかりを雇っていたら、A社の車を買える消費者が市場にいなくなっていた……ということにもなりかねません。

普通に生活できる収入が得られなければ、経済活動は停滞していく、という少し考えればわかることに、だれも気づかなかった。もしくは、気づいていたけど気づかないふりをしていた。そんなところでしょうか。

3 〈貧困・格差〉日本の子どもの7人に1人が「相対的貧困」

貧困の定義

貧困には大きくわけて、**絶対的貧困**と**相対的貧困**という二つの考え方があります。ざっと説明してみましょう。

絶対的貧困：極度の貧困状態に置かれた人たちの暮らしのこと。世界銀行は「1日を1・90ドル未満で過ごす人」と定義している。

相対的貧困：その国に住む多くの人たちよりも所得が少ない状態のこと。具体的には、所得が国民の中央値の半分に満たない人の暮らしのこと。

この定義を念頭に置いて、以下をお読みください。

1カ月をいくらで過ごす？　絶対的貧困と相対的貧困

絶対的貧困は「1日を1・90ドル未満で過ごす人」と定義されています。1ドル＝150円で考えると、1・9ドルは285円。

1日285円未満で、何が食べられるでしょうか？　1カ月の生活費に換算すれば約8500円です。衣食住すべてを1万円以下で賄わなければならない。これが絶対的貧困です。

日本では絶対的貧困は問題化していません。それはなぜでしょうか？　日本には、最低限の生活を保障する生活保護法があるからです。

一方、相対的貧困はどうでしょうか？

相対的貧困は、**一人当たりではなく世帯における評価基準**です。日本における貧困線（貧困の境界となる金額・全人口の等価可処分所得の中央値の半分）は127万円です（2018年）。親の収入が月10万円で家族全員が生活するイメージです。

子どもの7人に1人が相対的貧困にある

日本で問題になっているのは、この相対的貧困です。

実は、日本の子どもの7人に1人は相対的貧困の状態にあります。

みなさんのクラスの人数が30人なら、4~5人が、まわりの子よりも金銭的に困った状態におかれていることになります。

ただ、そう言われてもピンとこない人が多いと思います。なぜか？　それは、**見た目ではわからないから**です。私が子どものころは、貧困家庭の子どもは、パッと見でわかりました。服も靴もボロボロ。すぐに「あ、貧しいんだな……」と理解できました。

現在はお金がある家もない家も、同じファストファッションの店で買い物をします。安くていいものがたくさんあります。

100円ショップに行けば、生活用品だけでなく、文具からコスメまであらゆる物がそろいます。お金をかけずにおしゃれをすることもできるので、見た目で判断することはできないのです。

貧困は連鎖する

では、相対的貧困でも困らない、「いい時代」になったのでしょうか？　決してそうではありません。

どんなところに困りごとがあるでしょうか？　まさにみなさんが取り組んでいる受験、とくに大学受験です。親の収入が月に10万円ほどでは塾代を出すのが難しいだけでなく、**大学、とくに私立大学の費用を払うことは困難**です。

進学を諦める学生も多く出てきます。早く社会に出て、親を助けたいと考える子どももいるでしょう。

しかし、大学進学を諦めることで、将来十分なお給料をもらえる仕事に就くことができず、本人もまた貧困に陥る可能性があります。

そして、その子どももまた教育機会に恵まれないため高学歴を得られず、将来の所得も低くなってしまう可能性が高いのです。このような**負の連鎖が生じ、格差が固定化（60ページ）する**ことにつながります。大学進学を考えているみなさんはぜひ、相対的貧困と教育の問題を一緒に考えてください。

貧困に関するデータを見てみよう

くわしくデータを見てみましょう。

厚生労働省「２０１９年国民生活基礎調査の概況」によると、日本における貧困線は１２７万円、相対的貧困率は15・７％とされています（２０１８年）。

つまり、**日本人の約６人に１人は、相対的貧困ということになる**わけですね。これは、先進国35カ国中７番目に高く、Ｇ７中ではアメリカに次いでワースト２位です。

相対的貧困は、65歳以上の高齢者世帯や単身世帯と、一人親世帯に多いことがわかっています。相対的貧困の人々の手取り（可処分）所得は、１２７万円を下回る（貧困線を下回る）わけですから、**月に約10万円で家賃、光熱費、食費など、すべての費用を賄わなければなりません。**

たとえば、家賃が３万円なら、残り７万円ですべての支出を賄うわけです。家族３人が月の携帯使用料として、それぞれに２０００円を支出すれば、携帯代だけでも

6000円。家計の6％が失われます。このように考えると、この数字がどれだけ厳しいものかわかるはずです。病気になった場合、医療費は払えるでしょうか？　給食費、部活の合宿費、塾代などに回すお金はあるでしょうか？

また、子どもの貧困率（17歳以下）は14・0％（2018年）で、**7人に1人が貧困**ということになります。

この本を読んでいるみなさんは、大学進学をめざしている人がほとんどですね。しかし、少なくとも7人に1人の高校生は、大学進学が厳しい状況なのです。

格差が格差を生む

一言で格差と言っても、実はいろいろあります。

「所得格差」「地域格差」「人口格差」「医療格差」「教育格差」「情報格差」「男女格差」「世代間格差」「雇用格差」というように、我々の社会にはさまざまな格差を見つけることができます。ここではおもに**所得格差**に関係する問題を見ていきましょう。

収入が少ないという**「所得格差」は、他の格差へ波及**していきます。十分な医療が受けられない「医療格差」、十分な教育が受けられない「教育格差」、学歴が低いことでよい職業に就けない「雇用格差」などにつながります。

もともと「男女格差」がある日本社会においては、雇用格差は女性にかなり大きな影響を与えることにもなります。望まない職業に就くことになったり、安い賃金で長時間働かされるといった問題も出てくるでしょう。学歴が低いために正社員になれず非正規雇用（38ページ）となれば、大きな「所得格差」が生じます。

デフレで格差が固定する

また、このような格差が「固定してしまう」ことも問題です。

序章でも述べたように（20ページ）、日本社会は20世紀後半大きく経済成長したために、「勝者」と「敗者」が生まれました。

そして、20世紀末から21世紀にかけて景気は停滞し、そうした**格差が固定化されているという意見もあります。**こうした背景についてはいろいろな議論がありますが、一つの例を見ていきましょう。

日本では長くデフレ（デフレーション）という状態が続いています。これは**物の値段（物価）が下がる現象**です。

コンビニの100円のおにぎりが50円に値下がりすれば、100円で2個おにぎりを買うことができるようになります。このようにデフレの中では、100円の価値が「おにぎり1個分から2個分」へと変化します。つまり、相対的に貨幣の価値が上がります。

「勝者」となったAさんと、「敗者」となったBさんの例で考えてみましょう。

「勝者」であるAさんは10億円の預金があります。この預金がデフレのために倍の価値を持つようになりました。「10億分の価値が増えたから、新しいビルや株を買おう」と考え、Aさんは資産を増やしていきます。

一方「敗者」のBさんの借金は1000万円。デフレにより実際の重みも、倍になります。返済に追われ、利子を払うだけで精一杯の生活になります。

このように、デフレが進行すると格差が固定されてしまうのです。

経済を拡大させる方法はないのか？

低所得者が増加する社会では、経済は縮小します。

１９７０年代の「一億総中流」の時代、「中流階級」の人たちの思いは、マイホームや自動車、家電製品などの消費意欲につながりました。そのため、たくさん物が売れ、給料も増え、それによって買い物もできる、という好循環が生まれました。

低所得者が増えると、お金を使うことができません。結果、物が売れず、経済自体が衰えます。社会を巡るお金が減ってしまうのです。

借金苦からホームレスになってしまう人、自殺する人が多くなり、犯罪の増加など社会不安につながるという意見もあります。ではどうすればよいのでしょうか？

教育の無償化、雇用機会の創出、デフレ（１５３ページ）脱却のための政策などが考えられますが、いまのところ、決定的な解決策は見つかっていません。残念ながら僕にも答えが見つかりません。このような機会を使って、若い世代のみなさんに、ぜひともどんな解決策が考えられるか、考えを巡らせていただきたいと思います。

格差はたいへんな問題だ!!

4 〈国際化・グローバル化〉空っぽになる日本

国際化とグローバル化の違い

「国際化とグローバル化ってどう違うの？」と聞かれたら、みなさんはどう答えますか？

国際化は国と国の境目がなくなること。グローバル化は……、あれ？　同じ？　のように、どう違うのか、言葉に詰まる人はいませんか？

簡単にいってしまえば、以下のようになります。

国際化：自国と他国の関係が深まり、交流などが活発になること。
グローバル化：ヒト・モノ・カネ・情報が、地球規模で行き交うこと。

つまり、国際化は国と国、グローバル化は世界中。このように、理解をしておきましょう。

100均が成り立つのは、国際化のおかげ

まず、国際化についてです。

貿易について考えてみましょう。現代社会では、ほぼすべての商品が、国内だけで生産、消費されることはありません。たとえば、みなさんがよく使う100円均一のショップ、いわゆる「100均」で売られている商品の多くは、中国や東南アジアで生産されたものです。

人件費の安い国で生産することで、日本国内で安く（100円で）販売することができます。言いかえれば、国と国の間の制度、法律、経済状況などの違いを利用して収益を得ているということですね。

国と国がルールを決めてやりとりをすること。これが国際化です。

日本の米菓メーカーの会長は、インド出身

一方、グローバル化です。

現在グローバルな企業としてすぐに思いつくのは、Apple や Google といったＩＴ系の企業です。これは20世紀後半にインターネットが普及したことで、国境に関係なく情報のやりとりができるようになったからです。

こうしたグローバル企業は、世界のどの国でも言語を変えるだけで、同じサービスを提供することができます。

また、「アメリカの企業だから、働いている人はアメリカ人だけ」ということもありません。Apple や Google のような多国籍企業と呼ばれる会社では、経営陣や意思決定をする人ですら、**本社でも支社でも多国籍**です。

日本の企業にもグローバル化の波は押し寄せています。

２０２２年、「柿の種」や「ハッピーターン」でお馴染みの米菓メーカー最大手、

亀田製菓の人事が話題になりました。代表取締役会長CEOに就任したのは、インド出身のジュネジャ・レカ・ラジュ氏。せんべい会社のトップがインド出身。そんな時代がきているのです。

グローバル化は「善」か「悪」か？

では、グローバル化が進むとどうなるのでしょうか？
たとえば、ヨーロッパの多くの国が加盟するEU。EU加盟国間の貿易では関税がかかりません（関税とは国家間の貿易にかかる税金です）。そして通貨も、ユーロで統一されています。

このような取り組みが世界中で行われれば、ヒトやモノ、そしてカネの移動が自由になり、経済活動が活性化し、富が大きくなります。そして、全世界の人の生活が豊かになるかもしれません。

しかし、このようにメリットがある場合、同時にデメリットもあることを忘れてはいけません。**メリットとデメリットは常にセット**で考えましょう。

では、グローバル化のデメリットは何でしょうか？

多国籍企業はコスト削減のため生産拠点を移動させます。しかし、すべての企業がそのようにできるわけではありません。つまり、メリットを得られる企業と、メリットを得られない企業が現れるわけです。**グローバル化に対応できるかどうかで二極化が生じる**わけです。

また、日本のような賃金の高かった国では、生産拠点を海外に移動させることで**産業の空洞化**が進むことが考えられます。

たとえば工場をA国に移すことで、本来であれば日本で生じるはずの雇用はA国へ移ります。その結果、技術やノウハウがA国へ流出するだけでなく、物品の消費もA国で行われることになります。もちろん給与もA国の労働者に支払われます。実際の産業と経済はA国へ移転し、空っぽの本社機能だけが日本に残ることになります。

また日本に産業を残す場合も、海外製品との競争が生まれます。その競争に勝つには、コストを下げなければなりません。そのために利用されているのが**外国人技能実習制度**です。この制度は、日本の技術や知識を伝えるという「国際貢献」が名目です。しかし実際には、**海外の若者を低賃金で働かせる**ために使われているのです。

この制度は人権侵害の温床ともされています。

たとえば、妊娠すると強制帰国させられるケースです。そのため、女性の技能実習生は妊娠を隠して働き続けることがあります。

ベトナム人技能実習生、レー・ティ・トゥイ・リンさんもその一人。双子の赤ちゃんを死産した後、その遺体を段ボールに入れて自室に置いていたため、死体遺棄罪で起訴されてしまいます。

働き続けるために、妊娠したことを隠さなくてはいけない。結果、犯罪者にされてしまう。このような制度を、現状のまま放置していいわけがありません。

技能実習制度そのものを見直す必要に加え、この制度を利用する**日本社会の人権意識**にも目を向けなければなりません。これから解決していかなければならない問題の一つです。

不況が世界に連鎖する

不安な要素は、まだあります。国境を越えてカネや情報が瞬時に、そして大量に移動するため、ひとつの企業や国が破綻すると、その影響が他の国にも及びます。たとえば**リーマン・ショック**（28ページ）のように、アメリカの不況が連鎖して、世界的な不況につながることがあるのです。

グローバル化は、**世界中の文化にも多大な影響**を与えます。

マクドナルドのお店は世界中にあります。また、世界中の子どもがディズニー映画を観ています。加えて、世界中でiPhoneが使われています。そして英語を話せば、どこでも会話が可能です。実はグローバル化というのは、**アメリカ化とほぼイコール**。アメリカのシステムや文化が世界中に広がっているということに他なりません。

しかしながら、イタリアには、スターバックスコーヒーがなかなか進出することができませんでした。地元のコーヒー店が多く、強いからです。

グローバル化が進むと同時に、自国の文化を守る取り組みが、今まで以上に必要とされています。

第一章に登場したキーワードのまとめ

少子高齢化

日本では少子高齢化が進んでおり、生産年齢人口は減少し続けている。成長力の低下、財政悪化、社会保障負担の増大という状況が予想される。その結果、現在の私たちの豊かな生活が失われていくかもしれない。

非正規雇用

企業が人件費の削減を理由に正規雇用を減らし、非正規雇用を増やしたことで、貧困家庭が増え、所得などさまざまな格差が生じている。

格差・貧困

日本では相対的貧困が問題となっており、貧困が連鎖し、格差を生み、固定されつつある。とくに子どもの貧困は大きな問題となっている。

国際化・グローバル化

ヒト・モノ・カネ・情報が世界中を移動し、経済活動や文化活動が地球規模で行われるようになった。そのことで世界中の人々が豊かになる可能性があるが、一方で不況の連鎖や、制度や文化の一元化などの問題もある。

少子高齢化
非正規雇用
格差
社会問題
貧困
国際化
グローバル化
こうした問題が生じていることを知っておきましょう

関連キーワード解説

ジニ係数

所得格差を表す数値のこと。ジニ係数は0から1までの数値で表され、完全に所得分配ができている（格差がない）状態を「0」、ひとつの世帯がすべての所得を独占している（最大の格差が生じている）状態を「1」とする。

TPP

環太平洋パートナーシップ（Trans-Pacific Partnership）の略。環太平洋地域の国々が、商品やサービスを自由にやり取りするために結ばれた取り決めのこと。関税をなくし、貿易をしやすくすることが目的。「例外なき自由化」を目標として、輸入関税の１００％撤廃を掲げている。

外国人技能実習制度

技能、技術、知識の開発途上国への移転による経済発展を支える「人づくり」に協力することを目的として在留資格を与える制度。日本では単純労働の在留資格は認めておらず、その抜け穴として始まった制度と解釈されている。建前で国際貢献を掲げているため、労働者としての基本的な権利が確立されておらず、人権侵害の温床になっていると指摘されている。２０２２年中に見直しの議論が予定されている。

第二章

法学・政治学

本章は、少々「おかたい」話になります。

現在の社会は、近代以降の時間の中で築かれてきたシステムの上に成り立っています。そうしたシステムについて知っているのと、知らないのとでは、小論文を書くのに大きな違いがあるのです。

小難しい話だなあ、と思いますか？　出てくる単語は小難しいかもしれませんが、実は簡単なことを小難しく言っているだけです。

近代は、私たちが生活している現代と直結しているため、比較的理解しやすいはずです。時間的に現代と離れている平安時代や鎌倉時代の社会のしくみや、当時の人々の考え方を理解するよりも、よほど簡単です。ですので、構えずに読んでください。

第二章に登場するキーワード

立憲主義

国民が制定した憲法により、国家権力を制限して人権を保障するという、憲法について最も基本的で大切な考え方。つまり「憲法は国家権力を縛るためにある」ということ。

民主主義

国のあり方を決める権利は国民が持っているという考え方。現実には、有権者が選挙を通じて代表者に権利をゆだね、政治を任せる。こうした考えに基づく政治体制を民主制という。

公共性

あるコトやモノが、広く社会に影響をおよぼす性質。一般に公共性が私たちに意識されるのは、税や法、市場といった公共的な装置が機能する場合となる。公的なものであり、すべての人に共通していて、だれに対しても開かれている場合、公共性が高いといえるだろう。

(日本の)近代

歴史の時代区分のひとつ。一般には封建社会の後の民主主義、資本主義の時代を指すことが多い。日本では、明治維新から太平洋戦争の終結までを近代と呼ぶことが多いが(それ以降は「現代」)、その後の時代も近代が継続しているととらえることがある。

1 〈立憲主義〉「憲法が国家権力を制限して国民の権利を守る」こと

立憲主義とは何か？

立憲主義という単語を、みなさんも聞いたことがあると思います。しかし、それがどういう意味なのかといわれれば、はっきりと答えることはできないかもしれません。しかし、この立憲主義の意味や定義をしっかりおさえることは、近代社会を学ぶうえでとても大切です。以下、少し説明しますね。

立憲主義とは、「憲法に基づいて政治を行うという考え方」です。まあ、よくいわれることだし、それ以外に意味はないよなあ、と思ったでしょうか？　しかし、これだと少しだけ足りません。ですから、今日から立憲主義を以下のように理解してください。

「憲法が国家権力を制限して国民の権利を守る」

まずは、憲法とその他の法律の違いについて考えましょう。

法律には、「人のものを盗むと罰せられる」などのように、国民の行動を制限する性質があります。社会を安全で安心なものにするために、国民がやっていいことや悪いことを、法律で決めておかなければいけません。

一方、憲法は、他の法律とは異なります。

たとえば、国民の「表現の自由」を守るために、憲法21条があります。

「集会、結社及び言論、出版その他一切の表現の自由は、これを保障する」

国民の自由な表現活動を侵してはならないと、国家権力に対して縛りをかけています。

憲法には他にも「国民の権利」や、「公務員の法令遵守義務」などが規定されています。

「表現の自由」って、少し考えると、当たり前ですよね？　では、なぜこのような権利がわざわざ憲法に定められているのでしょうか？　それは、かつての日本において、**表現の自由が認められていない時代があったから**です。

明治維新から太平洋戦争終結までは、とても厳しい言論統制が敷かれていました。政府や天皇への批判は厳禁。新聞の発行禁止や停止も相次ぎました。

また戦後も、占領軍批判を封じるための検閲が行われました。朝鮮戦争が始まると共産主義者がマスメディアから排除されました。

憲法は、私たち国民の権利を認めています。**制約を加えようとする国家権力にストップ**をかけてくれています。おかげで私たちは、自由に行動ができるのです。

憲法：国家権力を制限して国民の権利を守る

法律：国民の行動を制限し、社会を安全で安心なものにする

憲法は簡単には変えられない

憲法には「国民を守るために国家権力に縛りをかける」という重要な役割があります。そのため憲法は、簡単には変えられません。「縛り」が国家権力によって簡単に緩められては困ります。ですから、多くの立憲主義をとる国では、**憲法を変えるには厳しい手続が必要**とされています。

厳しくしておくことで、国家は勝手に憲法を変えることができなくなります。

日本においては、国会議員により憲法改正案の原案が提出され、衆参各議院において、それぞれ憲法審査会で審査されます。その後、衆議院、参議院、それぞれの本会議において総議員の3分の2以上の賛成で可決した場合、国会が憲法改正の発議を行います。最終的に、国民投票が行われます。そして、投票総数の過半数が賛成すれば、憲法改正案は承認されます。

人の支配から法の支配へ

近代社会以前、ヨーロッパの多くの地域では君主制（絶対王政）が敷かれていました。王や貴族など一部の権力者によって、政治権力が濫用されていました。「**人の支配**」です。そのような中で権力は腐敗してゆき、多くの人々は、固定化された身分制度の中で苦しい生活を強いられました。

そうした状況で、人々の生命、人権、自由などを守るため、憲法をもとに法秩序を整備しました。統治者の横暴に制約をかけたのです。これが「**法の支配**」です。

日本社会も立憲主義という考えをもとにつくられています。政治家や官僚は、日本国憲法によって行動に制約がかけられています。つまり、**日本国憲法の下で人権や自由が守られている**わけです。

憲法改正は必要か？

近年、その憲法を改正すべきかどうかが議論されています（詳しくは２０１ページ）。

現在の憲法について、改正する必要があるのか、ないのかを考えることが大切です。そしてそれ以上に、憲法のどこが改正されると、みなさんの人権や自由が守られなくなるのかを考えていただきたいと思います。大切なので繰り返します。

「憲法が国家権力を制限して国民の権利を守る」

憲法改正によって、国民の権利がなくなったり、制限されたりすることがあってはなりません。

その改憲案が権力者にとって都合のよいものになっていないか。言論の自由や基本的人権がおびやかされたりはしないか。周りの友達と意見を交わすなど、憲法についてオープンに話し合ってみるのもいいですね。

Twitter で何か呟いたら逮捕された……なんて時代は迎えたくないはずですから。

2 〈民主主義〉「自分たちのことは自分たちで決める」

もし、「えらい人」だけに法律をつくる権利があったら？

民主主義とは何でしょうか？　先ほどの立憲主義よりも、みなさんには身近な単語かもしれません。民主主義とは何かを説明する際、前項で説明した「法律」の話から入るとわかりやすいです。

復習です。法律は、人と人との間の自由や権利を調整して、社会の秩序をたもっています。

トラブルがあったとき、どのような解決策があるか？　法律はその判断基準になります。法律があるので、私たちは、安全に快適に暮らせます。

では、法律はどのようにつくられるのでしょうか？　このプロセスが民主主義と大きく関連します。結論からいうと、民主主義は、自分の国の法律は自分たち、つまり、

その国の国民が話し合って決める、という考え方です。

民主主義と正反対の状態は、王様などの「えらい人」だけに法律をつくる権利がある場合です。直感的に、「それはダメ」と思いますよね？　なぜダメか。そうなれば、「えらい人」が、自分が贅沢に暮らすために都合のよい法律をつくるでしょう。また、自分が支配するのに都合がよい法律、つまり、国民の自由を制限するような法律をつくるでしょう。結果、社会は問題だらけになってしまいます。

自分の国の法律は自分たちで話し合ってつくるべき。これが**民主主義**の核になる考え方です。自分たちでつくった法律なら、それを尊重して守ることになるでしょう。

大切なことなので繰り返します。**民主主義**とは、

「**自分たちのことは自分たちで決める**」

という考えと定義できます。ちなみに、「自分たちのことは自分たちで決める」ということを自己統治といいます。

選挙を通じて参加する「間接民主主義」

民主主義の考え方には、大きく分けて2種類あります。

直接民主主義と**間接民主主義**です。

直接民主主義では、ある集団の構成メンバーが全員で議論し決定します。比較的小規模の集団で採用されます。みなさんのクラスでの話し合いは、直接民主主義ですね。

一方、日本のように、住んでいる人の多い国家のような集団では、直接民主主義は難しいため、間接民主主義（代議制）が採用されます。

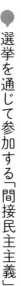

国家に限らず、自治体、組合などの多くの団体は、間接民主主義で運営されています。

間接民主主義というのは、国民が選挙で代議員（日本では国会議員）を選び、その代議員が国会で法律をつくります。**代議員は、選挙で選んでくれた国民の考えを代表して議論**をするため、国民のための法律をつくることが可能になるのです。

民主主義の考え方は世界中に広がっています。欧米、日本、韓国などの自由主義圏では、思想の自由、複数政党制、**資本主義**を前提とした**リベラルデモクラシー**（自由民主主義）が主流です。

ただし、形式的には民主主義のシステムをとっているものの、実際には独裁国家のような国も存在します。そのような国の指導者は、民主主義の考え方を尊重するように見せていますが、それは建前。民主主義という言葉を、国民を納得させるための大義名分として使っているのです。

自分の意見を国政に反映させる方法

民主主義国家においては、主権者である国民が、積極的に自分の意見や考えを反映させなければなりません。国民の声を反映させる方法にはどのようなものがあるでしょうか？

最も代表的な方法は選挙です。選挙に行き一票を投じることです。

日本では、18歳から投票できるようになったので、みなさんの中にもすでに選挙に行ったことのある方がいるかもしれません。

しかし、選挙に行くだけでは自分の意見は伝わらない、と考える人もいます。

自分の意見をもっと反映させたいと思う人は、医師会、弁護士会、農協、労働組合、生活協同組合などの団体をつくり、政治家に働きかけます。ジャーナリズムや知識人の発言が、世論を形成し、選挙や政治に大きな影響を与えることもあります。選挙結果によっては、自分たちの考えていることが実現する可能性が高くなるからです。

「そんなの自分には関係ない」と思うかもしれません。

しかし最近では、**若い人たちがさまざまな形で政治に参加しています。**支持する議員をサポートする演説をしたり、選挙運動にボランティアで参加したり、ＳＮＳを使って応援メッセージや「推し議員」の発言を拡散するなど、関わり方はさまざまです。

1票で政治を変えることができる

私たちの一票がムダになることはありません。

2022年に、1票の重みを感じた選挙がありました。東京都杉並区の区長選です。3期区長を務めた現職を破り、無所属新人で公共政策研究者である岸本聡子氏が当選しました。杉並区では子ども政策に充てられる予算が少なく、児童館が次々と廃止されるなど、子育て世代の不満が高まっていました。

選挙の投票率は37・52%と、前回32・02%を5%以上上回りました。そして当選した岸本氏の得票数は7万6743票、現職の得票数は7万6556票。その差はなんと、たったの187票だったのです。

実際に投票した子育て中のお母さんに話を聞いたところ、「選挙に行って本当によかった……!」と言っていました。まさに1票が生きる選挙だったのですね。

東北大学の吉田浩教授は、「49歳以下の世代で国政選挙の投票率が1%下がると、その世代は、一人あたり年間約7万8000円損をする」と試算しています。投票に行かないと損をする理由は、**若い世代の意見が結果として政策に反映されなくなるから**です。若者への投資より、高齢者へのサポートが手厚くなるのですね。

若いみなさんが政治に興味を持ち、政治に参加すれば、より良い未来に変わっていくはずです。民主主義では、自分の1票で未来を変えていくことができるのです。

民主主義の問題点

しかし、民主主義には問題もあります。メリットがあれば、必ずデメリットもあります。よい面があれば、悪い面もある。白と黒はセットで考えましょう。

現在のように、多様な人々が政治に関わることができる状況では、大衆化が進みます。いわゆるポピュリズムです。

多くの一般市民が政治に関わるようになる大衆化は、民主主義の発展といえます。しかし、すべての人が政策に通じているわけではありません。持っている情報も人によって差があります。結果、**単純でわかりやすい言葉に左右されたり、安易に判断してしまうことで、政治の暴走を引き起こします。**

少し考えればおかしな政治判断、たとえば他国との戦闘状態に入るような判断に、一時のノリで国民の多数が賛成してしまうような状況が生まれます。これがポピュリズムです。

戦前の日本がそうでした。冷静に考えれば（というか、普通に考えれば）、国力の差が違いすぎるアメリカと戦争になれば、敗戦は火を見るより明らかです。もちろん、そのように考えて、対米戦には絶対に踏み切ってはいけない、と考えていた軍人や政治家もいました。しかし、多くの国民が「アメリカには余裕で勝てる」と思い込んでいたのです。そして、その世論は大きな波となり、やがて歴史の流れとなり、だれも逆らうことができなくなったのです。

今の日本の選挙に、大衆化の波はきていないでしょうか？

民主主義の矛盾

世の中、たくさんの考え方があるので、当然、民主主義自体に反対する人も存在します。では、民主主義は、民主主義を否定する人にどのような態度を取るべきでしょうか？　過去の事例、つまり、歴史から考えてみましょう。

20世紀前半、1933年、ドイツでヒトラー率いるナチス政権が誕生しました。ナチス政権は民主主義を否定し、独裁的な政治を行いました。しかし、ナチス政権は、選挙で「民主的」に国民から選ばれた、つまり、**民主的な手続きを踏んで生まれた政権**でした。

民主主義とは個人の思想・信条の自由を擁護することが原則です。したがって、たとえナチスのような思想であっても、女性蔑視や戦争賛成のような極端な思想であっても、それらをあらかじめ排除することは「民主主義の否定」になるわけです。原理原則としてはどのような思想も擁護すべきです。しかし、**民主主義によって擁護された思想が、民主主義そのものを否定する危険性**を抱えているのです。

多数決では決まらないこと

民主主義的採決方法である多数決にも、問題があります。

過半数の賛否で物事を決定するのは、民主主義の基本です。多数決の原理では、少数者となった側も多数者側の意思を「全体の意思」として同意して物事を進めることになります。

その一方で多数者側も少数者の意見を尊重し、意思決定にできるだけ組み込む努力が必要です。

クラスで文化祭の出し物を決めるときなど、みなさんも多数決で決定するはずです。そのとき「この劇に反対した少数者側の人は、全員木の役（目立たない役）」と多数者側が決めたとしたら、クラス運営はうまくいかないはずです。**多数者側が少数者側の意見を無視したり、排除したりすることは多数者の専制を生むだけでなく、両者の亀裂を生みます。**

民主主義は、「多数者側の意見だけで進めればＯＫ」というような単純なものではないのです。

女性議員の数は先進国で最少

日本社会の民主主義にも問題点はたくさんあります。

選挙の投票率の低さ、女性議員の少なさ、政権交代の可能性の低さなどの理由で、世界からは、「日本は民主主義が機能していない国」と指摘されることも多いのです。

２０２1年発表の女性議員の割合のデータを見ると、衆議院の女性比率は９・９％。世界平均である25・５％と大きな差があります。フランスが39・５％、イタリアが35・７％、アメリカが27・６％とＧ７（主要７カ国）では最下位です。「先進国で最悪」といわれる女性議員の少なさを解消していくことも必要です。

女性が政治に参画することは、女性の視点を政治に取り入れることが可能になるだけでなく、社会の多様な意見や考えを政策に生かすためにも必要なことなのです。

ただし、ただ単純に女性議員が増えればいい、という話ではありません。このような話をすると、決まって数値目標だけが独り歩きしてしまい、女性議員が増えました、よかったね、で終わってしまいがちです。

海外では女性が政界で活躍しています。みなさんの世代から女性の首相が誕生する日がくるかもしれません。日本の民主主義をどうすべきか、ぜひ考えてください。

3 〈公共性〉格差を減らすことに役立つが、負の側面も

格差を最小限に

国家権力や資本家に富を独占されていたら、私たちは安心して暮らすことができません。そのため20世紀末以降、人々は、社会共通の新しい価値や考え方を求めました。そこで、注目されたのが**公共性**です。

先述した民主主義の理想は、「自分たちのことは自分たちで決める」です。しかし、現実は残酷です。日本でも、民主主義の名の下に、社会的弱者や少数者の意見がないがしろにされています。権力やお金を持つ人たちに都合のよい社会がつくられているのが現実です。持っている人と、持っていない人の差、つまり**格差が生まれる原因**ともなっています。

このような格差は数字でも確認することができます。

社会における所得分配の平等・不平等を測る**ジニ係数**という指標があります（74ページ）。ジニ係数は0から1までの数値で示されています。0に近づくほど平等、1に近づくほど不平等で格差が大きいということになります。

A国のジニ係数が0であれば、国民全員が同じ所得ということです。逆に1であれば1人だけが国の所得のすべてを独占しているということになります。

「最も裕福な1％のアメリカ人の収入の合計は、下位半分のアメリカ人の収入をすべて合わせたものよりも多い」（マイケル・サンデル『実力も運のうち　能力主義は正義か？』〈早川書房〉より）とされるアメリカの、2012年のジニ係数は0・389。日本は同年0・33、フィンランドは0・261となっています＊。

このような格差は、所得の再分配によって減らすことができます。集められた税金が社会保障などにしっかりと使われれば、ジニ係数は下がります。

＊厚生労働省「OECD主要国のジニ係数の推移」より
https://www.mhlw.go.jp/wp/hakusyo/kousei/17/backdata/01-01-03-01.html

このような格差を最小限にするために、公共性という考え方が生まれました。では、どのような考え方なのか、実際に見てみましょう。

公共性の三つの意味

公共性には、三つの意味があります。

①国家に関係する公的なもの（Official）
②すべての人々に関係する共通のもの（Common）
③誰に対しても開かれているもの（Open）

以上について、ひとつずつ説明します。

まず、①の「**国家に関係する公的なもの**」です。小中学校における公教育を例にとります。国公立の小中学校は原則無料です。国家や自治体によって管理されています。

権力によって義務化されているといったニュアンスがありますね。

日本国憲法の第26条に、義務教育の規定があります。

ちなみにみなさんは「学校に行かなきゃいけない」と思っているかもしれません。しかし「学校に行く義務」はありません。みなさんには教育を受ける「権利」があるだけで「義務」はないのです。

次に、②の「**すべての人々に関係する共通のもの**」です。公共の福祉、つまり社会保障をイメージしてください。生活をしていくのに本当に困ったとき、**生活保護という制度**があります。これはすべての人にとっての権利です。国は、生活に困った人を助ける制度をつくるべし、と定められています。

最後に、③の「**誰に対しても開かれているもの**」です。誰でもアクセスできるもの、たとえば公園です。公園は誰でも利用することができる開放された空間です。

教育の公共性には負の側面がある

さて、ここで考えたいのは、社会的弱者や少数者を含めたすべての人が参加できる公共空間です。

①の「**国家に関係する公のもの**」の代表として挙げられるのが学校でしたね。学校は国家が公に定めた、みなのための空間です。ただ学校は国家によって運営されるため、**権力を握る一部の人たちに有利なように操作される可能性**があります。

たとえば、戦前の日本では「お国（天皇）のために命を捧げる」という教育がなされました。信じられないかもしれませんが、多くの若者が、それが当たり前のことだと考えていたのです。

②の「**すべての人々に関係する共通のもの**」の例として生活保護が、実は問題が山積しています。

2013年には、**生活保護の基準額が国によって大幅に引き下げ**られました。この取り消しを求めた裁判が日本各地で行われています。

③の「**誰に対しても開かれているもの**」、つまり公共空間も国家の影響があります。公園は国家や自治体が管理しています。コロナ禍で多くの公園が閉ざされ、利用できなくなったのは記憶に新しいところかもしれません。

公共性が利用されてしまうこともあります。

たとえば、国家権力から切り離された団体として、20世紀後半に出現したNPO法人*。「非営利の民間団体」です。国家の影響の外で公共の利益になる活動を行うことができる団体として設立されました。

しかし実際には、本当なら**国費を大量に投入しなければいけない活動が、NPO法人でなされる**ことになったのです。つまり、民間団体であるNPO法人に公的認可を与えて、国費の負担を抑えるというカラクリです。このようなNPOが少なからず存在しました。これは、公共性が国家に利用された例です。

*NPO（Non-Profit Organization）法人：特定非営利活動法人。法人格を認証された民間非営利団体。

国家の介入がない公共空間は生まれるのか？

本当に自由な公共空間、誰もが参加できるような公共空間をつくることはできないのでしょうか？　社会的弱者や少数者の権利を守るためには、国家権力にとらわれない、自由な議論が必要なはずです。

国家権力にとらわれない自由な議論のできる空間として、インターネット空間に期待が寄せられています。世界中、いつでも、どこにいても、だれでも、議論に参加できるバーチャルなインターネット空間は、これまでのメディアとは異なり、**さまざまな考えが展開され、情報を自由に選択する**ことができます。

ネット空間では、災害や紛争などの大きな事件の際、テレビや新聞などのマスメディアには流れない情報を得ることができます。

しかし、誹謗、中傷、デマ、フェイクニュースなど、偏った偽の情報がチェックされずに垂れ流しになっているのも事実です。権力側による操作も可能でしょう。使い方を誤ると、私たちもそれらの情報に踊らされるだけになってしまいます。

もちろん公共性の実現に至った例もあります。

２０２０年に政府は、検察官の定年を引き上げる検察庁法改正案の国会での成立を断念しました。Twitter上での「#検察庁法改正案に抗議します」という投稿やリツイートによる抗議が、３８０万件以上にも及んだためでした。バーチャルな公共空間での人々の声が、政治を動かすことを示したひとつの大きなできごとです。

4 〈近代〉現代につらなる激動の時代

近代とは何か？

近代というのは、歴史の時代区分のひとつです。

日本史では明治維新（厳密にいうと、ペリー来航以降の江戸時代末期）から太平洋戦争の終結までとされますが、現在までを含めて近代と呼ばれることもあります。

社会科学の文脈では、現在の社会を形作る重要な時代とされています。今を知るためには、近代を知らなければならないのです。


社会科学における近代とは何か。その要素をいくつか挙げてみましょう。

・**国民国家：人々がその国の国民であるという意識を持った国のこと。その国のこと**

はその国の国民が決める。

・市民社会：民主主義、資本主義に基づく社会のこと。市民革命により、王政・封建制が打倒され、市民の基本的人権が守られることで成立。

・資本主義：私的な生産、利益運用を基本とする経済システムのこと。価格と分配は、主に市場での競争によって決定される。

国民国家

国民国家とは、確定した領土があり、その国の国民が主権者となった国のことです。日本もそうですね。いくつかの領土問題はあるものの領土は確定していますし、主権は国民にあることが、憲法で定められています。

みなさんには当たり前に思えるこの国民国家の概念は、実は比較的新しくできた考え方です。**17世紀のイギリス革命や18世紀のフランス革命は、国民国家を勝ち取るための戦い**でした。市民革命は、王政・封建制（つまり王による政治）を倒し、国民による自由で平等な政治体制を打ち立てるために行われたのです。

これらの革命によって、絶対的な統治者（たとえば、王）が持っていた宗教的・暴力的な国家権力は否定され、「個人の自由意志」による国家権力へと変わりました。つまり**「自由で平等な個人」が「個人の自由意志」によって、国家権力を正当化することになった**のです。

言い換えるならば「個人の人権、自由、平等」を守るために、自由意志に基づく同意、つまり**「契約」によって、国家権力が樹立された**のです。これは世界史や政治経済で学ぶ社会契約説のことです。

市民社会

近代以前の社会は、共同体を単位として構成されていました。一方、近代の市民社会における単位は個人となります。その一人ひとりが、近代の市民です。かつては身分制や領主制、農村などの共同体の決まりごとに縛られていた人々の基本的人権が保障されました。また人々は、**自由で平等な立場で行動でき、経済に参加できる**ようになりました。

市民社会という言葉は、アリストテレスの時代から存在していて、17～18世紀には経済的に自由な個人が形成する資本主義社会という意味で使われるようになりました。そして現代の日本では、**自由・平等な社会を指す**ようになったといえるでしょう。

資本主義

産業革命によって確立された経済体制です。それまでの自給自足や共同体内での生産・消費という形が大きく変わりました。資本家は全国各地から労働者を集めて生産活動を行い、労働者は労働力を給料と交換する形を取るようになりました。くわしくは117ページでご説明します。

こうした要素を少しずつ完成させていった過程が近代です。

ちなみに、日本人という意識を持った国民が存在し、民主主義が採用されていて、憲法で人権が守られ、資本主義で経済を回している現在の日本は、「近代を経てきた国」です。今の自分の国をイメージしてみると、近代というものが少し見えてくるかもしれません。

日本の近代

さて、日本の近代について、もう少しお話しします。

日本の近代は明治維新から始まったとするのがわかりやすいでしょう（実際はもう少し前とも言われます）。

日本の「革命」は、明治政府主導で行われました。この点がヨーロッパの市民革命と違いますね。

廃藩置県、地租改正、学制、徴兵令、富国強兵、殖産興業などの言葉は、日本史で学んだことがあるでしょう。このような明治政府の施策によって、日本は近代国家に変容していきました。

ただ、国の主権を持っていたのは天皇です。明治維新により、天皇が正式に主権者となります（厳密には、大日本帝国憲法制定後、です）。**国民は「天皇の臣民（赤子）」と位置付けられ**ました。したがって個人の権利は、臣民の権利として限定的なものでした。欧米の近代化とはちょっと異なりますね。

臣民は家父長制によって支配された「家」という最小単位の集団に属していました。つまり父系の家族制度の中で、父親などの家長がその家族全員に対して責任を負うとともに、支配権を握っている状態です。

また学校での学びは、教育勅語*がベースとされました。天皇が日本を統治する正統性と臣民の守るべきことを示し、兵役の義務、そして国家のために戦うことが示されていました。天皇制の正統性の根本となる国家神道がつくられ、国民はそれを信仰することを強制されたのです。

＊教育勅語：太平洋戦争後の１９４８年に失効。

のちに、自由民権運動が始まり、大日本帝国憲法が制定され、議会も開設されることになります。ただこれは、国家権力を縛ることができるものではありませんでした。たんに「体裁を整えた近代国家体制」でしかなかったのです。そのため、戦争に突き進むことを議会も止めることができませんでした。

太平洋戦争が終わり、日本国憲法が制定され、日本は欧米並みの近代国家に生まれ変わって現在に至るわけです。しかし、戦前のシステムや制度は残り続けています。

まず、天皇制は象徴天皇として存続しました。

官僚主導で中央省庁に権限が集中していることも、懸念されていることのひとつです。

また、家制度も戸籍制度として残ります。戸籍制度の問題点は「選択的夫婦別姓」の問題にも現れています。現在の民法では結婚したら同じ戸籍に入らなければならないために、男女どちらかが自分の姓を変えることになります。そしてそのほとんどが女性です。

このように俯瞰してみると、「戦前の大日本帝国憲法下の体制とあまり変わっていないのでは?」という疑問もでてきます。現在の日本は、立憲主義、民主主義が機能している国家といえるのか、みなさんにもじっくりと考えてもらいたいです。

第二章に登場したキーワードのまとめ

立憲主義

「憲法に基づいて政治を行うという考え方」である。ただし、大切なのは、「憲法が国家権力を制限して国民の権利を守る」ということ。政治家や官僚は、憲法によって、その行動に制約がかけられており、そのことで国民の人権や自由が守られている。

民主主義

「自分たちのことは自分たちで決める」という考え方。多くの国では、国民から選挙で選ばれた代議員が、国民の考えを代表し議会で法律を作る。政治の大衆化や、民主主義による民主主義の否定、多数者と少数者の分断などの問題も生じることがある。

公共性

民主主義によって生じるさまざまな格差を縮小するために、公的で、すべての人に共通し、だれに対しても開かれている状態を意味する社会共通の新しい価値や考え方。すべての人が自由に参加でき、自由に議論のできる公共空間が求められている。

(日本の)近代

国民国家のなかで、民主主義、資本主義に基づき、市民の基本的人権や自由、平等が守られることで成立する。日本では、本当の意味で欧米的な近代国家は成立することはなかった。

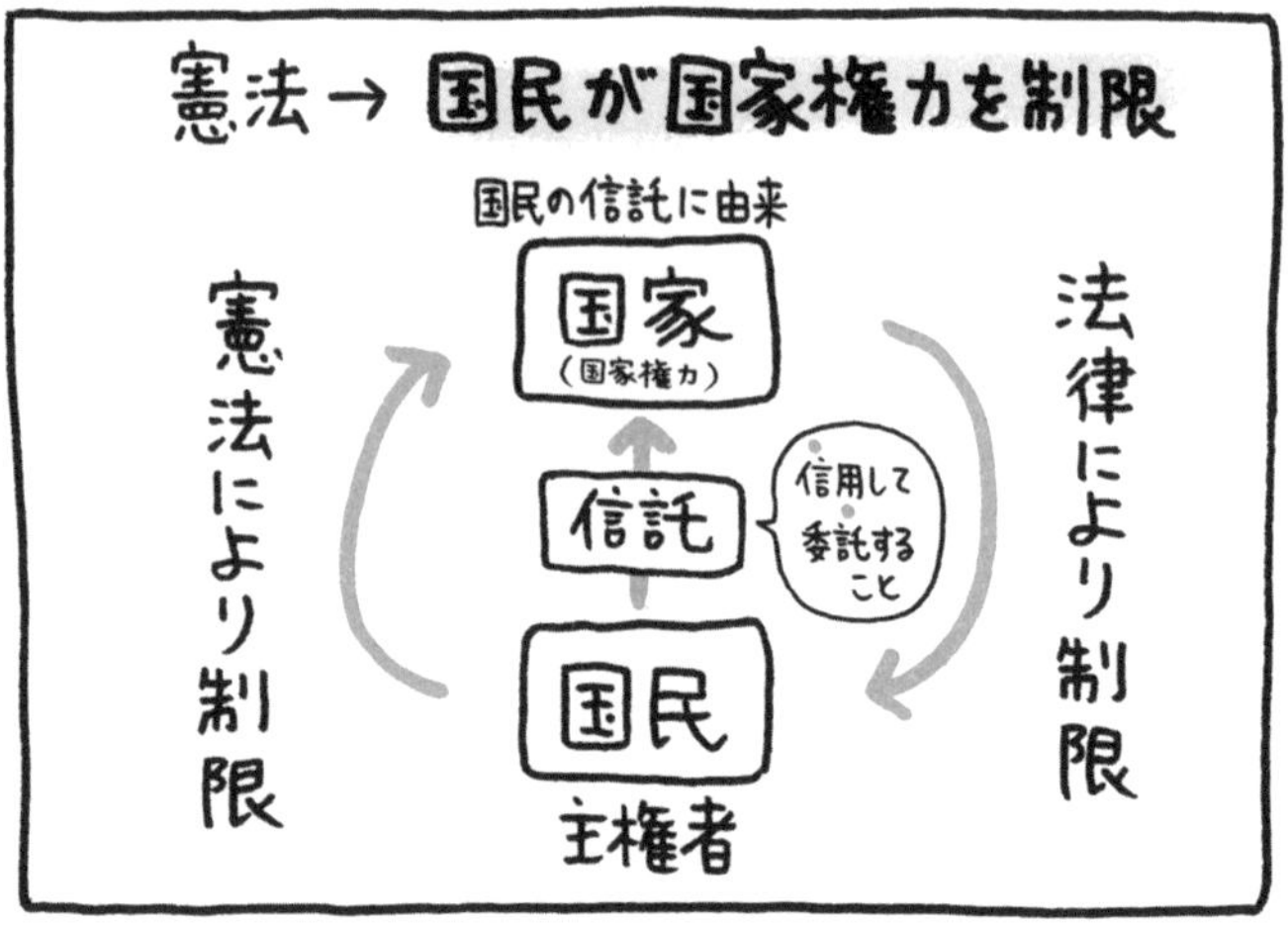

憲法は他の
法律とは
違うんですよ

関連キーワード解説

議院内閣制と大統領制

日本やイギリスが採用する「議院内閣制」では、国会が首相を選任し、指名された首相は内閣を組閣して行政を行う。アメリカやブラジルが採用する「大統領制」では、選挙によって選ばれた大統領が国家元首となる。大統領は大きな権限を持ち、国会とは独立して行政を行うことができる。また、ドイツやフランスのように、大統領と首相の両方が存在する国も多い。

NPO

Non-Profit Organization または Not-for-Profit Organization の略称。社会貢献活動を行い、団体の構成員に対し収益を分配することを目的としない団体の総称。ちなみに、NPOはだれでも名乗るだけで設立できるが、NPO法人は設立の要件を満たす必要がある。

NGO

Non-Governmental Organization の略称。貧困・飢餓や紛争、環境破壊や災害など、世界の課題に、政府や国際機関とは異なる民間の立場から、利益を目的とせず取り組む市民団体のこと。行政の施策が行き届かない社会的弱者に寄り添い、社会にあるさまざまな課題を生み出す仕組みそのものを変える活動も行っている。NPOとの違いは明確に定義されているわけではなく、政府・企業から独立した市民団体という意味では共通している。

抵抗権

個人の権利を脅かす国家権力に対して、個人が国家に抵抗する権利のこと。革命権もあるとされる。デモ、行政訴訟や違憲審査による合法的な権利のことを「合法的抵抗権」という。これは現在の日本でも行われている。２０１５年に行われた集団的自衛権を柱とする安全保障関連法案に反対するデモは記憶にあるだろう。

また、国家権力は個人の自由意志の産物なので、法律に書かれていなくても抵抗する権利があるとする考えもある。「超実定的抵抗権」という。たとえば、アメリカでは兵役は国民の義務であったが、ベトナム戦争の際、良心に基づいて兵役を拒否する人が現れ、のちに兵役拒否の権利が認められるようになった。法律に反しても抵抗することが認められる場合があることだ。

第三章

経済学・商学

本章では、経済的な面から社会を見ていきます。
近代社会が成立する大きな条件として、
資本主義経済の確立があります。
国やその国の経済について話す場合、
「資本主義国」「社会主義国」などの言葉が使われます。
まずは簡単に、国とその国が採用している経済的手法に
関する言葉について説明します。

第三章に登場するキーワード

市場経済

財やサービスを、市場を通じて自由に入手することができるしくみ。市場とは、買い手と売り手が財やサービスを取引する場であり、そこで価格が決定される。

効率性と公平性

効率性：限られた資源をどのようにして効率よく配分するかという観点のこと。

公平性：豊かさは多くの人々が平等に共有したほうがよいという観点のこと。

情報の非対称性

情報や知識を一部の人や集団だけが持ち、他の人や集団が持たない状態のこと。経済学では、売り手と買い手の間の情報量の差を論点とする。

新自由主義

福祉・公共サービスを縮小し（＝小さな政府）、規制緩和、市場原理主義を重視する経済思想。

【導入】資本主義は社会主義に勝る？

資本主義：個人が土地や生産手段を所有し、自由に経済活動ができる体制。個人の利益を追求し、成長することを求め続ける。貧富の差が生まれやすい。

社会主義：国が土地や生産手段を所有し、それを国民で共有・分配することで平等な社会をめざす体制。がんばっても給料が変わらないため、働くモチベーションが上がりにくい。共産主義もほぼ同じ意味で使われる（社会主義の理想形が共産主義といわれることもある）。

日本を含めたアメリカ、ヨーロッパなど「西側諸国」は、資本主義国です。中国、北朝鮮、キューバなどは「東側諸国」、つまり社会主義国・共産主義国です。

ちなみに現在のロシアの前身であるソ連（ソビエト社会主義共和国連邦）は世界初の社会主義国として建国され、ある意味「社会主義の実験場」として世界の注目を集めました。しかしその試みは失敗し、１９９１年に解体。社会主義経済の運営はうまくいかず、市場経済体制へと移行したのです。

とはいえ、資本主義が正解というような単純な話ではありません。

アメリカをはじめ資本主義を推し進めた国では、大きな貧富の差により社会が分断されました。貧富の差が広がり続ける日本も同じです。現代は、資本主義の限界に直面しているといってもいいかもしれません。

1 〈市場経済〉値段は自動的に決まっていく

市場とは何か？

資本主義経済において重要な役割を果たす「市場」について説明します。市場で商品が売り買いされるシステムについて知ると、現在私たちが生活している実社会への理解が深まります。そしてこの理解は、小論文を書く際にとても役立つので、しっかり読んで理解してください。

近代社会では「私有財産権」が認められています。私有財産権とは、自分の所有物を自由に売ったり、貸したり、自分で使ったりすることのできる権利です。そしてこの私有財産権をもとに、モノやサービスが配分されるような社会を「市場経済の社会」といいます。**市場経済**とは、**財やサービスを、市**

場を通じて自由に入手できる経済のしくみのことです。

「そんなの当たり前だよね……」と思ったでしょうか？　たしかに、現在の日本では当たり前です。しかし、当たり前ではなかった時代があるので、あえて説明しています。

たとえば、江戸時代。土地を持っている農民は、ほんの一部でした。ほとんどの農民は、土地を所有していません。貸したり、売ったりすることもできません。江戸時代の市場経済は、現在と比較すると、規模も参加している人の数も極めて限定的でした。多くの人に開かれたのは近代に入ってからでした。

推しのフィギュアが高いのはなぜか？

それでは、ものの値段、つまり価格は、市場でどのように決まるのか？　価格が決まるしくみを見てみましょう。

左の図をご覧ください。

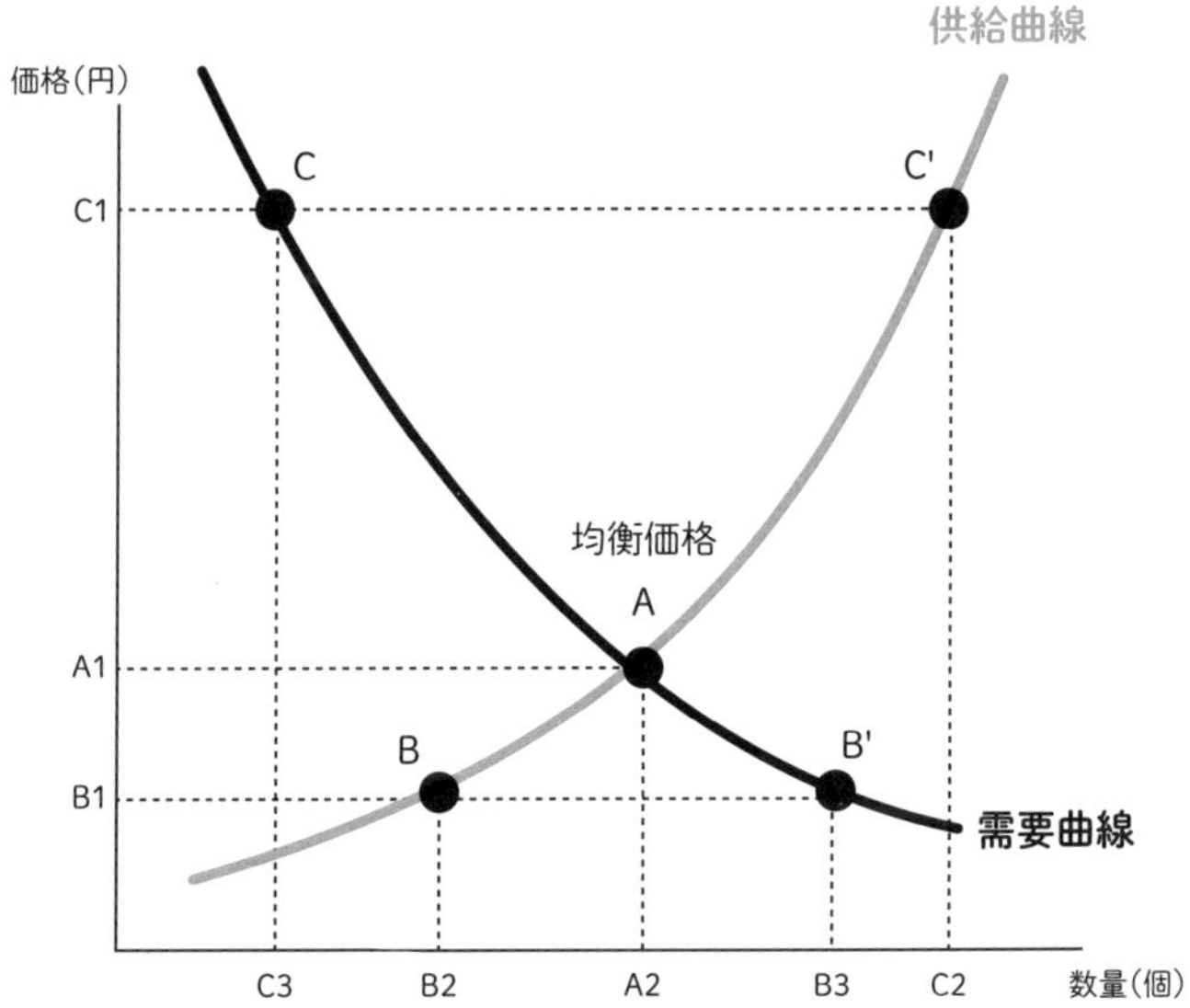

図　需要と供給

需要量（買いたい商品の量：消費者のニーズ）と供給量（売りたい商品の量：生産者のニーズ）が一致する（交わる）ところを「均衡価格」（グラフのA）といいます。

供給量（売りたい商品の量）よりも、需要量（買いたい商品の量）が少ないと、商品は売れ残ります。すると価格は下がります。

需要量（買いたい商品の量）よりも、供給量（売りたい商品の量）が少ないと、商品は不足します。すると価格は上がります。

需要曲線を見てください。価格が高ければ高いほど（C1）需要は小さくなり（C3）、低ければ低いほど（B1）需要は大きくなっています（B3）。つまり、購入する人からすると、高いものを欲しがる人は少ないけれど、安いものを欲しがる人は多いということですね。

一方、供給曲線はどうでしょう。生産者は、価格が高ければ高いほど（C1）供給を増やす（C2）。逆に、低ければ低いほど（B1）供給も減らす（B2）。簡単にいえば、生産者は、高いものをたくさん売りたがるということです。

次のような関係から、価格は「均衡価格」へ落ち着きます。

①商品が多い（供給・多）↓買いたい人が少ない（需要・少）↓価格は下がる

②商品が少ない（供給・少）↓買いたい人が多い（需要・多）↓価格は上がる

この関係は、次のようにもいえます。

③買いたい人が少ない（需要・少）↓商品が多い（供給・多）↓価格は下がる

④買いたい人が多い（需要・多）↓商品が少ない（供給・少）↓価格は上がる

たとえば、αとβという、2種類のフィギュアが発売されたケースを考えましょう。二つとも、同じ数、同じ値段で販売されます。人気のキャラクターαのフィギュアは、買いたい人がたくさんいるので、商品が足りません。そのためオークションサイトで値段が上がります。これは②と④にあたります。欲しい人の数より、商品の数が少ない状態です。

一方、人気のないキャラクターβのフィギュアは、売れなくて余ってしまうためセールとなります。①と③の状態です。欲しい人の数より、商品の数が多い状態です。

一般的な市場では、どれだけ売れるか、売れないかによって価格は変動していきます。最初は高額だったゲーム機が、数年してずいぶん安く販売されている、という経験をしたことがある方もいるでしょう。それはこの需要と供給の関係の中で、そのゲーム機の価格が均衡価格に落ち着いたからです。

市場における商品の値段は、「需要量＝供給量」になるように調整され、**最終的にその商品は均衡価格で取引される**ことになります。市場経済というシステムによって価格が調整され、必要なものが必要なだけ生産され、消費されることになるわけです。

とても効率的なシステムだと思いませんか？

競争と選択によって、安くて面白いゲーム機が手に入る

もうひとつ、「競争と選択」という観点で、市場経済の効率性を説明します。

まず、消費者はいつも「より安くてよりよいもの」を求めます。すると**「安くてよい商品を供給できる企業」が消費者から選ばれ、平凡な商品を高く供給する企業は淘汰されます。**

ゲーム機で考えましょう。

A社のA機と、B社のB機が同時に発売されました。A機は、ソフトの種類も豊富でB機より安い。そのためA機ばかりが売れて、B機の会社は潰れてしまいました。A機を発売するA社はライバルもいなくなったため、さらに事業を拡大します。A機の値段を下げてたくさん販売するだけでなく、新しいA＋（プラス）機を開発。これも飛ぶように売れることとなりました。

ゲーム機業界は、実際このような市場における戦いを繰り返しています。みなさんもどっちのゲーム機にするか悩んだという経験があるかもしれません。市場の競争と

選択に、知らないうちに加わっていたというわけです。

企業はこのように、イノベーション（技術革新）によって「より安くてよりよいもの」を作るために「競争」をしています。そして消費者はそうした企業を「選択」することで、市場の効率性が最適化されることに貢献しているのです。

生き残った企業は、消費者から選ばれ続けるために、イノベーションを進めます。そしてさらに事業を拡大します。

生き残った企業は、利益を手にしてさらなる商品開発ができますし、効率的な生産体制も整えることができます。そのような企業が市場にいくつもあれば、市場全体として「より安くてよりよいもの」を消費者に提供し続けることができるのです。

2 〈効率性と公平性〉フェアな競争は実在するのか

市場経済にも負の側面が

市場経済の効率性について、復習の意味も込めて、まとめます。

市場では、需要と供給のバランスによって、最適な価格が決定されます（均衡価格）。また、企業の「競争」と消費者の「選択」によって、社会資本は最適に再分配され、市場全体の利益を大きくします。

以上のように、市場経済は効率的に社会資本を動かすことができます。しかし、現実には市場経済がつねに効率的とはいえない面もあります。それは、商品やサービスには私有財産権を設定することが難しく、市場経済ではうまく利用できない、という側面もあるからです。具体的にはどういうことか、以下で少し説明しますね。

市場も残念ながら「失敗する」

たとえば、魚がとれる海。

そもそもですが、海は誰でも利用できますし、誰か特定の人だけに利用させることもできません。これを非排他性といいます。また、誰かが使ってしまえば（魚の乱獲など）他の人が使えなくなってしまいます。これを競合性といいます。

このように非排他的で、その量に限りのあるもののことを**共有財**と呼びます。

次に、地上波のテレビ放送はどうでしょうか？

これは非排他的ではありますが、競合性はありません。つまり誰でも使えて、特定の人だけが利用することもできませんが、電波を多くの人が使っても枯渇することは考えられません。こうした財を**公共財**といいます。

まとめましょう。

共有財＝非排他性あり＋競合性あり
公共財＝非排他性あり＋競合性なし

共有財や公共財は、市場経済に任せることができません。たとえば、共有財においては、資源の濫獲が問題となります。海の資源を濫獲したら、ある種の魚が絶滅してしまうかもしれません。

公共財は、利用者を特定できないために、市場取引ができません。直接課金することができないのですね。これらを**市場の失敗**といいます。

この問題を解決するためには、差し当たり政府が介入するしかありません。方法としては、以下のようなことが考えられます。

①規制をかけて資源の濫獲を防ぐ
②課税によって資源の濫獲を防ぐ

③課税によって財源を確保し、公共サービスとして供給する

こうした政府の介入によって、資源の効率的かつ公平な配分が、ある程度可能になるわけです。

大学入試は本当に「フェアな競争」か？

市場の失敗について、「所得の公平な配分」という、別の観点から考えます。

まず、所得の配分について三つの方法を示します。

(1) 貢献に応じた分配

(2) 努力と能力に応じた分配

(3) 必要に応じた分配

まず（1）は、労働提供に対する賃金や、土地を貸したことに対する地代などをイメージしてください。ただ、この分配に対しては、多くの人が不公平だと感じる場合

があります。たとえば、能力もないのに親のコネで入社し、高い賃金と地位を得ている。先祖代々の土地が一等地にあり、働かなくても家賃収入で暮らしていける。このような人に対して、**何の貢献もしていない**ので「不公平だ」と感じる人は多くいるでしょう。

次に（2）ですが、**機会の均等**が保障されれば、努力と能力の成果として賃金が決まるのは公平だと感じるはずです。機会の均等というのは、「**スタートラインが同じである**」ということです。フェアな競争が保障されれば、人々は配分の結果に納得するということです。

しかし実際には、前提条件である機会の均等を満たすことが難しいのです。

たとえば大学受験。高校卒業資格など一定の条件を満たせばだれもが受験することができます。一見スタートラインは同じに見えますね。しかし、東京大学入学者は、親の年収が高いだけでなく、私立の中高一貫校から進学してきた学生が多いのです。裕福な家庭が、小学生のころから子どもに教育費をたっぷりかけてきた様子がこういった状況からも透けて見えてきます。単に「同じ受験機会がある」というだけでは、機会の均等ではないのです。

最後に（3）です。これは、**人間が最低限度の生活を営むために必要なもの**が分配されているかどうか、という問題ですね。生活保護、年金、医療保険などの**社会保障**がこの分配にあたります。これも、本当に必要な人に行きわたっているのかどうかわかりにくい以上、適正に分配されていない可能性も残ります。

がんばって稼いでも、国に持っていかれる？

さて、（1）～（3）の中で、（2）、（3）は、自由な市場経済では実現されません。それは、（2）の機会の均等の実現には、重い相続税や資産課税が必要だからです。前述のとおり、もともとお金を多く持っている人はそれだけで有利です。しかし、そうした人から重い税を取り立てるのは、**市場経済の自由とは相容れない**のです。

また（3）は、結果を保障するわけですが、そのためには**所得の再分配**が必要です。

これは財産がたくさんある人やお金をたくさん稼いだ人から税を多く取り、**社会保障費**などに回すことです。

ただ、せっかくがんばって稼いだお金や、手に入れた資産に課税されて、ごっそり持っていかれてしまったら働く気がなくなってしまうかもしれません。**市場経済の要である私有財産権と経済活動の自由に反するもの**ですから、これも相容れません。

課税や社会保障で分配し、公平性を保つためには、**私有財産権と経済活動の自由をどこまで制限する**のか、民主的に決定していく必要があるのです。

3 〈情報の非対称性〉市場の失敗を防げ！

中古車の良し悪しは判断不可能

この項目は、中古車を例にして説明します。私の経験上、中古車の例が、生徒の納得感が一番高かったからです。では、以下、読み進めてください。

中古車は、見ただけでは品質の良し悪しはわかりません。商品ですから、売る側のお店は、ボディをピカピカに磨いています。車によっては新車とほとんど変わらないようにさえ見えます。つまり、外見が良ければ、故障した部分があったとしても、素人であるお客さんにはわかりません。もちろん僕もわかりません。

中古車のプロであるディーラーが車の悪い情報を隠してしまえば、お客さんは、**粗悪な中古車であっても買ってしまう**のです。

こうした状態を**情報の非対称性**といいます。

情報の非対称性：商品の情報を売り手が持っていて、買い手が持っていないこと

私たちは知らないうちに「高い中古車」を買わされているかもしれないのです。

悪質な業者しか残らないという悪夢

品質の悪いものに高い値段がつくということは、ほとんど詐欺と同じです。このように情報の非対称性があると、市場の価格の自動調節機能が働かなくなります。

本来であれば市場における商品の値段は、「需要量＝供給量」になるように調整されます。商品は、自然と最適な値段になる、つまり、均衡価格で取引されるはずです。しかし情報の非対称性があると、市場のしくみが機能しなくなります。これは大きな問題です。これも**市場の失敗**と呼ばれます。

また、品質の悪い中古車に高い値段がつく状態が続くと、多くの人が中古車価格を信用しなくなります。中古車ディーラーの評判も悪くなり、中古車が売れなくなります。すると中古車の価格は下がり、ディーラーは薄利多売、消費者は安いけど品質の悪い中古車を買うことになります。

品質の高い中古車を高い価格で売ろうとするディーラーは、**中古車の価格に信用がなくなっているので売れません。**結果として、まともなディーラーは市場から消え、品質の悪い中古車を安く販売するディーラーだけが生き残ることになるのです。

このように、情報の非対称性が引き起こす状況は逆選択と呼ばれます。本来市場においては、優良な企業が生き残るはずなのに、悪質な企業が生き残るという「逆」の結果が生じてしまうのです。

情報の非対称性を解消するために

さて、情報の非対称性を解消するにはどうすればよいでしょうか?

①**情報を開示する**こと、②**取り締まる**ことです。具体的には、①ならば自治体や消費者団体による情報開示や品質保証、法律による開示の義務付けなどです。②は、情

報隠蔽や改竄《かいざん》への罰則、公的機関による許認可制などです。

現在のようなネット社会では、ネットによる通信販売が頻繁に行われています。みなさんもご存じのとおり、星がいくつか、などの消費者の評価が、ひとつの判断基準にはなっています（信用できない場合もありますが）。買う前に、すでに購入した人の「口コミ」を入念にチェックします。商品の品質はもちろん、商品がきちんと届くか、梱包が適切か、最近ですと、問い合わせたときなどのスタッフの対応がていねいだったか、など、あらゆる面からチェックした情報を入手することができます。消費者は、そのお店で商品を買うか、買わないか、を判断できます。非対称性にならないための情報を入手できるのです。

また、万が一、悪質な企業から商品を購入した場合でも、クーリングオフ制度のように、一定の期間は契約の取り消しが可能となる制度もあります。

もちろん、それでも悪質な企業が市場から完全に消えることはありません。消費者は、しっかりと情報を収集したうえで購入する必要があるのです。

市場の失敗

- 共有財と公共財
  → 外部性（市場の外からの影響）による失敗
- 資源の適正配分
  → 資源の独占による失敗
- 情報の非対称性
  → 情報の独占による失敗

4 〈新自由主義〉格差拡大で、限界が見え始める

アメリカの経済史を振り返る

まず、ざっくりと、アメリカの経済史を振り返ってみます。

なぜ、アメリカの経済史を確認する必要があるのか？

それは、新自由主義はアメリカで生まれた経済政策だからです。ですからアメリカの話から新自由主義とは何かをお話しします。

20世紀初頭まで、アメリカでは「市場にすべてを任せることで、経済はうまくいく」という考え方が信じられていました。前述したとおりです。しかし、1929年にアメリカから始まった世界大恐慌による不況によって、その考え方は変わります。

アメリカは、減税や公共投資を行うことによって、社会にお金を回すことにしました。つまり市場にまかせるのではなく、政府が市場に介入したのです。**政府の政策によって、国民の懐にお金が入るようにして、消費を活発にしようとした**のです。

具体的には公共事業に大幅な支出をし、大規模な雇用政策を行いました。この政策は「ニューディール政策」と呼ばれます。１９３０年代にＦ・Ｄ・ルーズベルト政権により実施されました。世界史で習ったのを覚えている方もいるでしょう。

その結果、アメリカは第二次世界大戦を経て、繁栄の時代を迎えました。

しかし、また問題が生じます。

経済成長にともないインフレ（１５２ページ）が進む一方、石油ショック（22ページ）によって経済が停滞し、失業者が増加してしまったのです。物価は上がるのに賃金が上がらないスタグフレーション*に陥りました。お財布の中にはお金がないし、売っているものの値段は高すぎるという状態です。

＊スタグフレーション：スタグネーション stagnation（不景気）とインフレーション inflation を合わせた言葉で、不況とインフレが同時進行すること。

新自由主義とは？

次第に、「**このような状態になったのは、政府のせいだ！**」という考えが広まりました。政府の規模が大きくなりすぎて、政府による規制や税負担が、経済活動を妨げているという批判が出たのです。**政府が経済に口を挟みすぎたのが悪い**、という考え方です。

そこで、「**経済活動をもっと自由に行わせるべきだ！**」という結論になり、認可や届け出などの規制を緩める規制緩和や減税、関税の撤廃などが行われました。

なかでもとくに重要なのは、社会保障をすべて負の所得税によって置き換えるという考えです。少し説明します。

たとえば、生活保護の受給者は行政が決めますが、それには行政が受給者の生活をくわしく調査しなければいけません。負担が大きくなることに加え、行政が判断することになるため不公平が生じます。

これを仮に、一定以下の所得に対しては、負の所得税をかける（所得額に応じた割合の給付金が受け取れる）ようにします。もちろん、世帯の実情を無視するのは問題かもしれませんが、公平に行うことができます。また、人々の生活に政府が干渉することもありません。そしてなにより、社会保障にかかる行政の負担を小さくできるのです。

つまり、**経済に関する政府の役割をできるだけ小さくし、市場の経済活動を自由にする**。このような考えを新自由主義といいます。

新自由主義：国家によるサービスの縮小と、規制緩和や市場原理主義を重視する経済思想。

「大きな政府」「小さな政府」

ちなみに、経済の分野では、政府の介入の度合いに応じて、大きな政府、小さな政府といういい方をします。

まずは『デジタル大辞泉』の定義を書いておきます。

大きな政府：政府が経済活動に積極的に介入することで、社会資本を整備し、国民の生活を安定させ、所得格差を是正しようとする考え方。

小さな政府：政府の経済政策・社会政策の規模を小さくし、市場への介入を最小限にし、市場原理に基づく自由な競争によって経済成長を促進させようとする考え方。

大きな政府とは、前述のニューディール政策のように、公共工事をたくさん行うなど、政府が経済活動に積極的に介入します。そして、人々の経済的な安定を政治の力で実現します。税金を高くし、そのお金で社会資本を整備し、所得格差を和らげます。

一方、新自由主義における小さな政府では、政府は、極力経済に口を挟みません。政府が行っていた事業も、なるべく民間にまかせ（民営化）競争させることで、経済成長を促します。

具体例で考えてみましょう。

大きな政府では、たとえば、国が公共事業として新しく鉄道敷設を計画します。鉄道を敷設するのは大事業です。つまり、**たくさんの仕事が生まれます**。その仕事に関わる人が多いほど、人々の生活は潤います。お給料が増えた人々から税金を多くとれば、そのお金を社会福祉に回すことができます。

しかし、デメリットもあります（しつこく言いますが、メリットとデメリットはセットです）。

公共事業が増えれば、優良な民間企業の仕事が圧迫されます。自由に競争ができませんから開発や投資が抑えられるなど、**企業は競争力を失っていきます**。気がつくと、海外の企業とは戦えないほど民間企業が弱体化してしまう恐れもあります。また、重税に苦しむ人が増えるばかりでなく、政府の支出も莫大となり、最悪の場合、国自体が財政破綻する可能性もあります。

小さな政府で競争力が増す

次に小さな政府、つまり新自由主義です。

政府は経済に介入しませんから、力のある企業に仕事が集まります。競争に負けた企業は淘汰されます。**競争力のある大きな企業はどんどん大きく**なり、国際的な競争力をつけることもできるでしょう。また、税率も低く抑えられますから、一生懸命働いた分手元に残ることになり、働くモチベーションを高く保つことができます。

もちろんデメリットもあります。自由競争の世の中ですから、その原理は企業だけでなく人材にも適用されます。**優秀な人は高い給料で雇われます。しかし、そうでないか運やタイミングが悪ければ非正規雇用としてわずかな給料**しかもらえません。

税金が低く抑えられている小さな政府のもとでは、**社会保障に回す財源がありません**。そのためお金持ちが低い税率のもとで豊かに暮らす一方で、貧しい人は国の助けがないまま、ますます苦しい生活をすることになります。

格差が固定・拡大し、不況の原因に

さて、新自由主義の考えに基づいて、まず、アメリカのレーガン政権下ではレーガノミクスと呼ばれる大幅減税と規制緩和を行い、市場原理を大幅に取り入れるようになりました。そしてイギリスではサッチャー政権下でサッチャリズムとして導入されました。

日本でも21世紀に入ってから、新自由主義的政策が行われました。アベノミクスです。余談ですが、レーガノミクスが元ネタです。

新自由主義における小さな政府のもとでは、国営企業が民営化され、社会保障が縮小されます。それにより財政は立て直され、**自由な競争が活発**になります。

しかし、さまざまな矛盾も生じます。

まずは、格差です。自由競争が促進されることで貧富の差が拡大します。しかし、社会保障が充実していないので、**低所得者は満足な福祉を受けられない**という問題が生じます。地域の子どものための施設が次々と閉鎖されたり、公立の大病院が民間の病院になったりするなど、普段の生活を支えていた施設の維持や管理の方法を考えなくてはいけなくなります。

日本では、バブル崩壊後の不況が長期化しました。その結果、**所得格差**は拡大し、**社会保障**は削減され続けています。みなさんのような若い世代の人たちは、「失われた20年」（そろそろ「失われた30年」？）をずっと生きてきたのです。

新自由主義的な政策がこうした矛盾を生み出したのはなぜか？　今後の日本社会は、新自由主義をとるのか？　そうではないのか？

新自由主義がもたらした問題点が噴出している今日、考えていかなければなりません。

第三章に登場したキーワードのまとめ

市場経済

需要と供給を適正に調整する効率的なシステム。社会資源は最適に配分され、社会の所得が最大化される。具体的には、市場における商品の値段が、「需要量＝供給量」になるように調整され、最終的にその商品は均衡価格で取引される。すると、「安くてよい商品を供給できる企業」が消費者から選ばれることになる。

効率性と公平性

市場は効率的であるが、共有財・公共財といった市場経済では扱えないものがでてくる。これを市場の失敗という。また、公平性を保つためには適正な所得の配分が必要になる。

情報の非対称性

商品の情報を売り手が持っていて、買い手が持っていないこと。市場の価格の自動調節機能が働かなくなることが問題であり、これもまた市場の失敗である。情報の開示を義務付けたり、法制度の整備といった対策が必要とされる。

新自由主義

国家による社会保障の縮小と、規制緩和や市場原理主義を重視する経済思想。新自由主義的な政策の導入によって、新しい競争力のある企業が生まれ、市場での競争は活発になった。しかし、一方で、格差が固定化・拡大することとなった。

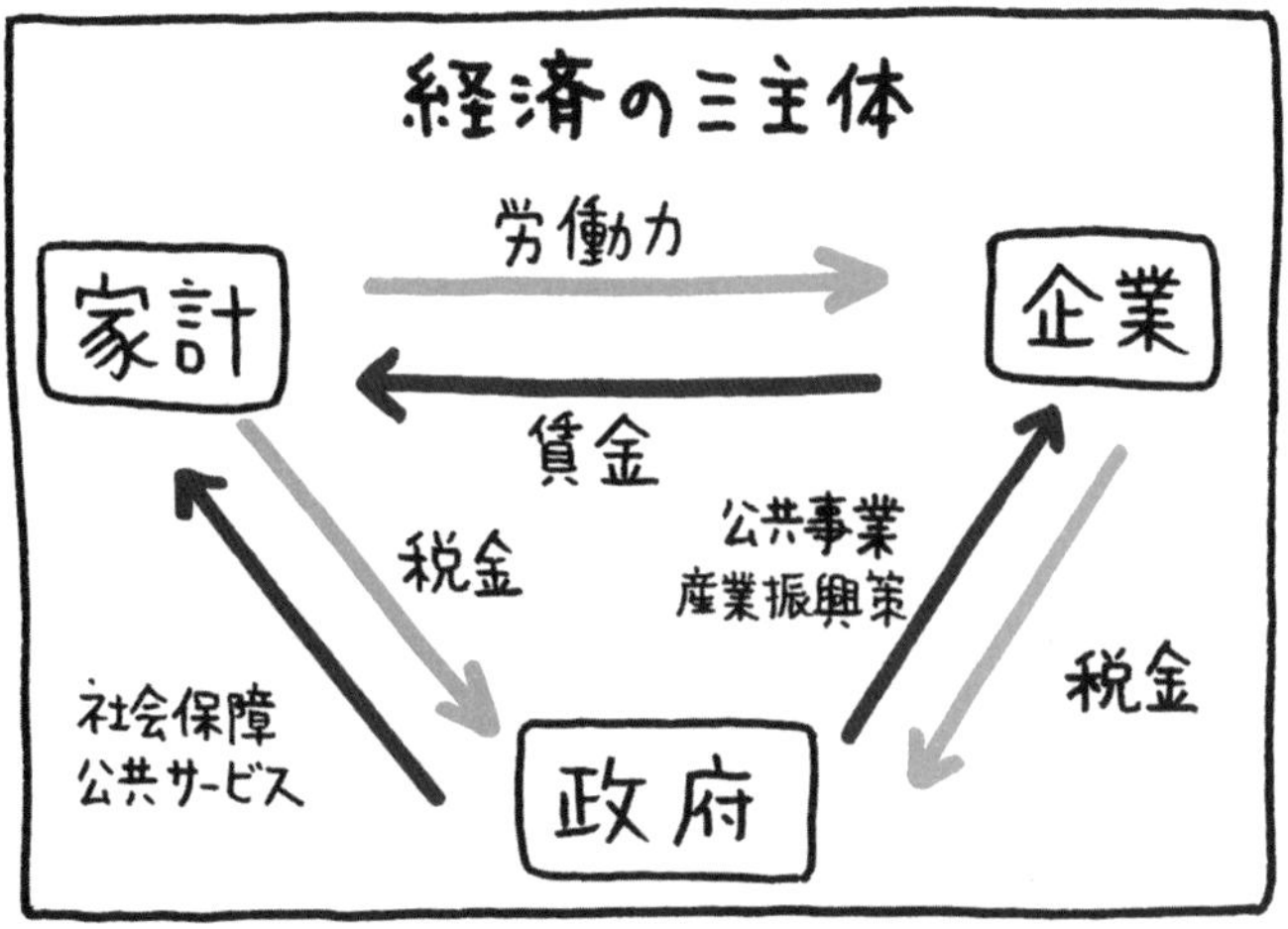
経済の三主体
労働力
家計
企業
賃金
税金
公共事業
産業振興策
税金
社会保障
公共サービス
政府

この章で扱った経済の基本を押さえておこう!
家計・企業・政府の間でお金が流れています。

関連キーワード解説

成果主義

実力や仕事の成果・成績、さらには過程を評価し、昇進や昇給を決めていく考え方やそのシステム。若年層の仕事へのモチベーションを高めるメリットがある。しかし、成果を出せない場合に残業が多くなる、がんばっても評価が上がらないといった批判やデメリットもある。そのため日本では、導入したものの取りやめた企業も多い。

金融政策

日本銀行が景気安定のために、金融市場に対して行うもの。物価の安定や雇用の拡大などを目的に行われる政策で、通貨の量や金利を調整するという手段がある。たとえば、インフレの場合は金利を上げ、デフレの場合は金利を下げることで市場の資金量や通貨の流れを調整する。

財政政策

政府が歳入・歳出を増減させることで、国の総需要を調整する政策。減税・増税を行ったり、設備投資や公共投資を拡大・抑制したりすることで、景気の拡大や抑制を図る。

Column

インフレ、デフレって何？

◯インフレでスマホが買えなくなる⁉

インフレはインフレーションを縮めた言葉で、inflation は「ふくらませること」の意です。何がふくらむのか？　世の中のお金の量です。お金がふくらむ、つまり、世の中にお金があふれます。

インフレというのは、ものやサービスの値段の上昇が続くことです。これまで1台10万円だったスマートフォンが、インフレの中で20万円になったとします（インフレ率100%）。このとき、みなさんのバイト代が1時間1000円から2000円になっていれば問題ありません。しかし、そうでなければこれまで100時間の労働で買えたスマートフォンが、200時間働かなければ買えなくなります。

これはお金の価値が下がり、ものの価値が上がることを意味します。お金の価値が下がれば、みなさんの預金も目減りします。スマートフォンを買おうと必死にためた10万円では、もう欲しかったスマートフォンは買えません。

◯インフレのメリット

しかし、インフレは悪いことばかりではありません。

通常インフレ時には、給料も上がりますから借金が軽くなります。インフレのために時給が倍になれば、借金も倍の速さで返せるようになります。お金を借りている人にとっては、インフレは大歓迎なのです。また、不動産などを所有している人にも歓迎されます。インフレ率１００％なら、1億円のビルは2億円に、10億円のビルは20億円になります。ものの価値が上がるため、土地や不動産を所有している人はますますお金持ちになります。

○ 空気が抜けるように……

デフレはデフレーションを縮めた言葉で、deflate は「空気を抜くこと」を意味します。市場からお金が抜き取られ経済が萎《しぼ》んでいくイメージです。政府の政策で経済活動が停滞し、倒産や失業者が増える状態を指すことが多い言葉です。

デフレではインフレとは逆のことが起こります。ものやサービスの値段の下落が続き、これまで1台10万円だったスマートフォンは、デフレの中で5万円になったりします。このとき、みなさんのバイト代が変わらなければ、今までの半分の時間で欲しかったスマートフォンを手に入れることができます。お金の価値が上がり、ものの価値が下がった状態です。

借金だけが残ることも

しかし、デフレにも、もちろんマイナス面があります。すると、手持ちの現金がなくなり、さらにものが売れませんから、通常給料は安くなります。すると企業はまた給料を下げる。このようなデフレスパイラルに陥ることもあります。手元にお金が入りませんから、借金は返しにくくなります。1億円の借金をして買った2億円のビルの価値が、5000万円になってしまったら、借金だけが残ります。商品は安いのに、買うお金がないのがデフレです。

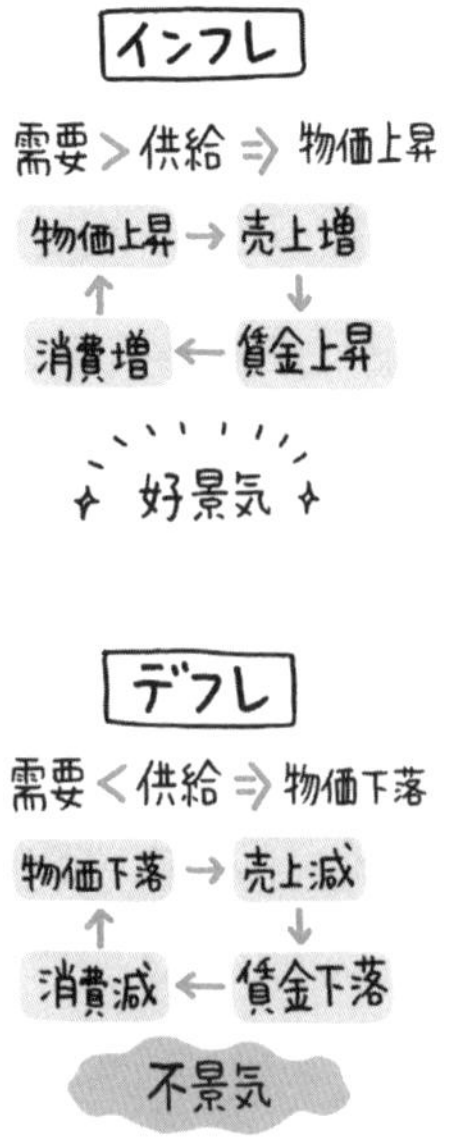

第四章

近代の問い直し

第二〜三章で、近代とは何か?についてお話ししました。
成熟した近代社会においては、さまざまな問題や
矛盾が生じるようになりました。日本社会でも、20世紀の終わり頃から、
近代を問い直さなければならない状況になってきています。
この章では、みなさんと一緒に具体的に考えていきたいと思います。

第四章に登場するキーワード

科学技術

「科学」とは「自然の法則＝真理」を理性によって探究する営み。つまり「知る」こと。「技術」とは「科学」＝「知る」ことで得られた知を、人間の活動に役立つよう実用化する手段・方法のこと。「科学」による「技術」という意味で「科学技術」と呼ばれている。

理性的な個人

自由な意志に基づいて、理性的に判断できる個人のこと。近代社会の基盤となる存在であり、そうした個人が社会と契約することで近代国家が成立すると考えられた。

権力

他者を支配する力のこと。近代社会では、法に従って命令したり、何かを禁じたりする強制力のことで、為政者が所有すると考えられた。

国民国家

統治権の及ぶ領域（領土）と、その構成員（国民）を有する、近代に典型的な国家のこと。それぞれの国家が自分の国の決定権を持つ「主権国家」でもある。

1 〈科学技術〉功罪を真剣に考えるときが来ている

科学とは？　技術とは？

科学とは、自然の法則＝真理を理性によって探究すること。技術は科学によって明らかにされた法則を実用化することです。言い換えれば、**「科学」は自然を知ることで、「技術」は自然に働きかけること**になります。

自然とは「神が創造したものであり、神のみがその原理を知っている」という西洋のキリスト教的な考え方があります。この考え方を前提とすると、人間が自然の原理を探究し、人間に都合のよい形で自然に働きかけるということは、人間が神に近づくこと、神について考えることといってよいでしょう。

科学と技術が融合しているのはなぜか？

さて、科学と技術は、現在では**科学技術**とまとめて使われることが多いですね。これはなぜでしょうか？

科学というのは、**科学者の純粋な知的好奇心によって進歩**します。その成果が何に使われるか、何の役に立つかは、科学者にとっては、基本関係ありません。たとえば、宇宙の起源の解明に近づいたとしても、それがすぐに人間や社会の役に立つわけではありません。たんに、わかったから楽しいだけですよね。

しかし、技術は**人間に役立つもの**でなければなりません。自然を変化させ、生活を効率的かつ便利なものにしていくことが、技術の目的です。建築物をつくる新しい技術が、これまでの技術よりすぐれたものでなければ意味がありません。

この異なる二つの言葉が合体して、「科学技術」となるということは、科学が技術につながる必要がある、ということです。これは、国家や企業が、なんらかの成果を科学者や技術者に要請すること、それによって科学が進歩することを意味します。唐突に思うかもしれませんが、社会と科学技術が強く関わるのです。

携帯なしで生きることができるかどうか考える

私たちの社会が豊かになり、便利なモノが身の回りにあふれるようになれば、それはいいことだと思いますよね？　たとえば、僕が20代前半の頃まで、携帯電話は普及していませんでした。しかし、今ではスマートフォンを、多くの人が持っています。スマートフォンは大変便利な道具で、現在の生活は、スマートフォンなしでは成立しないといっても過言ではありません。

みなさん想像してみてください。

現在の科学技術による便利な道具やシステムを捨てて、江戸時代みたいな生活に戻ることはできるでしょうか？　この豊かな生活を支えているのが科学技術だとすると、「科学技術はいいものである」といわざるを得ません。

しかし、本当にそうでしょうか？　話を戻しますね。科学に技術がつながり、私たちの社会が、経済的に豊かになるために科学が存在しているのだとすれば、科学者も、個人の知的好奇心のみで研究を続けることは困難です。つまり、**社会のための科学でなければならなくなる**のです。

そして科学技術が国家や企業と紐づいていくとなると、まずそのプロジェクトが巨大なものになっていきます。たとえば、アメリカ中の科学者を動員して巨額の研究費を投入し、原子力爆弾の製造を進めたマンハッタン計画。この計画によって製造された原爆は、１９４５年に日本に落とされました。

みなさんは、この原爆の種類が2種類だったということをご存じでしょうか？　8月6日に広島に投下されたのはリトルボーイというウラン型の爆弾。その3日後に長崎に投下されたのはファットマンというプルトニウム型の爆弾でした。

なぜわざわざ2種類の違う型の原爆が使われたのか？　原爆の威力を実験したかったのではないか、と疑ってみたくなりますね。

したがって、科学技術が進むとどうなるか、という文脈において、私たちは考えなければなりません。

その後、原爆はアメリカの軍事力の圧倒的な優位をもたらすとともに、同じ技術を使った原子力発電により、経済的な面でも大きな影響を与えることになります。

こうした巨大な科学技術は、さまざまな問題を生みます。その例をいくつか挙げておきましょう。

・原子力の開発による、原爆投下や核実験、原発事故、原発の廃炉や使用済み核燃料の処理などの問題。
・化石燃料を使った電力使用、製品生産による地球温暖化。
・遺伝子組み換え、クローン技術、放射能の影響など、科学の不確実性の増大。
・生物剤、化学物質の研究の発展による生物・化学兵器の開発、戦争時の兵器使用の問題。

そのほかにも、遺伝子組み換え作物の増加、プラスチックによる環境汚染、一部の世界的な大企業による個人情報の独占など、あまりにも大きな影響を人間や生態系に与えます。大げさかもしれませんが、人類の存亡にも関わる問題なのです。このように考えると、科学技術の発展はすばらしいことだというのは安直な考えといわざるを得ません。

また、国家や企業、科学者も技術者も、科学技術を、簡単に評価することができない状況になっています。問題が大きすぎる、つまり、メリットやデメリットが複雑に入り組んでいるからです。

今後必要なのは、科学者、技術者、政治家、官僚、そして市民を加えた議論です。そのために、科学技術に関わる人々はその社会的責任について自覚的になる必要があります。また、社会に対する説明が必要です。

さまざまな立場の人々が、さまざまな角度から、慎重にリスクとベネフィットを比較し、その科学技術の適用を決定するしかないのです。

2

〈理性的な個人〉近代になって生まれた新しい概念

自由に判断できる社会

近代は、自由意志に基づき、理性的に判断できる個人から始まります。そうした個人の**社会契約**によって、**近代国家**が誕生するということは、第二章でお話ししました。絶対的な統治者が持つ国家権力を否定して、「個人の自由意志」による国家権力をつくる。そのような**「自由で平等な個人」が「個人の自由意志」によってつくった国家が、近代国家**です。人々が自由に判断し、行動することができる、そして自己決定ができる社会です。

みなさんも、自分の判断で大学進学を望み、大学を選び、受験勉強をしているのですよね？（そうじゃない人もいるかもしれませんが……）

それ以外でも日常生活において、さまざまな判断を自分でしていると思います。お昼に何を食べるか、どんなスタイルの服を着るか、だれと仲良くするか。あらゆることを自分で判断しているはずです。

江戸時代に「個人」はいなかった

そんなの当たり前だと思うかもしれませんが、少なくとも江戸時代にはそのような自由はありませんでした。身分が固定されていたからです。武家に生まれたら武士として一生を過ごし、農家に生まれたら農民として働きます。結婚相手は基本的に親や親族が決める。ほかにやりたいことがあったとしても、そのような機会を得ることは難しい社会でした。女性であれば「女に学問はいらない」と一蹴されたかもしれません。

近代になり、家や共同体、身分制度などの封建的な強い縛りから解放されたことで、私たちはやっと一人の個人になれたのです。もちろんこれは完全な解放ではありませんし、それがよかったかといえば疑問も残るのですが、少なくとも現在は、**公教育を**

受ける権利を誰もが持っていますし、**職業や結婚相手を選ぶ自由が憲法のもとで保障**されています。

自由意志に基づき、理性的に判断する個人というのは、実は新しい存在なのです。そもそも個人という考え方自体、明治維新の際に西洋から「輸入」されました。みなさんが国語で森鷗外や夏目漱石を習うのは、「突然突きつけられた個人」に悩み苦悩した、作家本人も含めた明治の人たちの心情を生き生きと描いている作品を、世に残しているからです。

しかしみなさん自身は、生まれたときから「個人」を生きています。近代が生み出した人間であり、近代の思想を受け継いだ存在です。みなさんは**生まれながらにして「理性的な個人」**ということになるわけです。

でも、そうでしょうか？

本当に自由に、理性的に判断して生きていますか？　そんなこと考えたこともない、というのが本音だと思います。ですからここで一緒に考えてみましょう。

ランチメニューを自分の意思で選択しているか？

では、とても簡単な選択を取り上げます。

みなさんは毎日、「お昼に何を食べるか」という判断をしていますか？　この一見何でもない選択であっても、完全に自由に判断できているかといえば、実はそうでもないのです。

まず、特定の食べ物に対し、「お昼に食べるべきもの」という「固定観念」がある場合があります。たとえば、カレーやラーメン、サンドイッチ。「お昼にフレンチのフルコースを」という人は、めったにいないでしょう。

何の制約もなく選択しているようでも、ランチというイメージ、予算や時間の都合、さらには一緒に食べる人の好みや判断に影響を受けます。実は、**ある程度限定された選択肢の中から判断している**のです。

このように、実際にはさまざまな条件に縛られて、事前に限られた選択肢の中から判断しています。自由意志によって判断しているように思っていても、実は自由は限定されたものだったのです。

こう考えると、なんだか気分が悪いかもしれませんが。

これはランチメニューの話だけではありません。

私たちはたいていの選択を、**「ある与えられた規範の下」で行っています**。そして通常、ほとんど意識していません。知らず知らずのうちにその規範を、「自分の規範」としてやり過ごしています。自分を無意識のうちに規律化しているということです。

もっと厳しい言い方をすれば、「規範に服従している」ということになります。そして私たちが服従するその規範とは、**権力、法、思想、宗教だけでなく、学校、病院、地域社会、軍隊などの装置によって準備されたもの**です。

たとえば、強い思想を持った家庭で育った子どもは、自我が芽生えるに従って、社会と与えられた思想との間で軋轢《あつれき》が生まれ、それが大きな障害となることがあります。

これを読んでいるみなさんは「自分には関係ない」と思ったかもしれません。しかし、受験をして大学に行くと決めたのはなぜでしょう。もしかすると当たり前のように「大学には行くものだ」という雰囲気の家庭で育ったからかもしれません。「どんな犠牲を払っても学問を修めたい」という強い意志やきっかけがある人のほうが、少ないかもしれません。「大学には行くものだ」という家庭の雰囲気も、規範のひとつです。

私たちは自分で自由に選択していると思っていますが、**実はそのように思わされているということが多いのです。**

「理性的な個人」に対する問い直しが生じている

現代において「自由意志を持った理性的な個人」に対して、さまざまな視点からの問い直しがなされています。重要なことは、

- **自分がどのような規範の影響を受けているか**
- **それにより、どんな判断をしているか（させられているか）**

を絶えず考えることです。

たとえば現在の日本でも、女性や外国人などは偏見や差別に晒されています。もし、これらのことがピンとこないのであれば、危険信号。日本人男性こそが理性的な個人で、それ以外は非理性的という認識を持っている可能性があります。

自身の偏見に意識的でないことは、差別することと同様に恐ろしいことです。

私たちは、規範によって判断させられているにもかかわらず、自由意志によって判断していると思い込んでいます。結果として「理性的な存在以外の存在」を排除しているのです。

これを現代を生きる私たちは、強く意識しなければいけません。

3 〈権力〉私たちはコントロールされている

権力はどのように支配する？

社会学者のマックス・ウェーバーによれば、近代において**権力**とは、「他者を支配する力」と定義されています。法に則って、命令を下し、何かを禁止する強制力のことで、為政者（権力者）が持っている機能と考えることができます。

権力がどのように人を支配するのか、ちょっと整理してみましょう。

①規律訓練型権力

本章の「2〈理性的な個人〉」で述べたように、個人の側が社会制度や関係のなかで、規範（命令）を内面化して、自身で自らを律するようになる作用のことです。たとえば、「ツーブロック禁止」という校則に、理不尽だと思いながらも従ったりすることですね。このように一人ひとりの内面に**「規範=規律」を植えつけるのが権力**です。

②環境管理型権力

Google、Facebook、Amazonは徹底的にビッグデータ（190ページ）を収集し、ユーザーを誘導しています。たとえば、Amazonから「あなたにおすすめがあります」と誘導されれば、つい買ってしまうことがあります。

このように、相手の望む行動に誘導して従わせることが環境管理型権力です。操作されている人々は、**権力を行使され支配されていることには気がつかない**のが特徴です。

さて、近代国家は、①の規律訓練型権力を行使して、国民に「公正」「平等」などの価値観の共有（内面化）を強いています。しかし、法律や制度をつくることで人を強制的に行動させるので、国民は権力を意識することができます。もちろん、その権力に反抗することもできます。とすると、①はなかなか行使するのが困難で、**国家に**

よる統治は非効率的になるといえます。

一方、②の環境管理型権力は、一見個々人に自由を与えているように見えます。Amazonが「あなたにおすすめがあります」と言ったとしても、その商品を買うか買わないかは個々の自由だからです。ただ実際には、個々人の行動を物理的に制限しています。Amazonなどのネットサービスは、膨大なデータを集めて、消費者が「快適」であり「自由に振舞っている」と感じるような環境を作り、**行動をコントロールしているの**です。

こうした「安全で快適な環境」を求める人々の感覚に物理的に働きかけて行動を規定する②の行使は、ネットサービスにとどまらず、さまざまな企業によって利用されています。たとえば、あるハンバーガーチェーンが椅子を硬くしたり、BGMの音量を上げたりして客の回転率を良くするという消費者管理を行っていると聞いたことがあります。こう考えると、いたるところで自分が支配、コントロールされているような気がして、なんだか怖くなってきます。

4 〈国民国家〉「国民」は単なる概念

国民国家のはじまり

第二章の「4〈近代〉」で、国民国家を、次のように定義しました。

国民国家：人々がその国の国民であるという意識を持った国のこと。その国のことはその国の国民が決める。

国民国家の体制が始まったのは、中央集権化が進んだ16世紀から18世紀にかけてのヨーロッパ、絶対王政時代です。やがて、最大の宗教戦争といわれる三十年戦争*が終結し、多数の主権国家が生まれることでこの体制が成立しました。

＊カトリック勢力とプロテスタント勢力の対立から引き起こされた宗教戦争。ボヘミア王フェルディナント2世によるプロテスタントに対する弾圧が原因となり、ドイツを中心に展開。デンマーク・スウェーデン・フランスも参戦した。

ちなみに、主権国家単位のヨーロッパの国際秩序のことを、三十年戦争の講和条約（ウェストファリア条約）から、ウェストファリア体制と呼びます。

その後、資本主義の発達、市民階級の台頭から、近代市民革命が発生し、絶対王政は打倒されました。そして「主権は国民」となり、国民主権が生じるのです。ここで、現在の私たちがイメージする、国民主権の国民国家となるわけです。

「国民」はつくられたもの

日本に住んでいる日本人の多くは、「日本国民＝日本語話者＝日本民族」のように感じているのではないでしょうか？　しかし本当は、**多様な日本人が存在しているの**です。また、日本以外の国に目を向けてみると、多言語、多民族の人々が共存している場合が多いのです。

たとえばユダヤ人。ユダヤ人には長い間、自分たちの国がありませんでした。そのため、世界各国にユダヤ人は居住しています。ですから「ユダヤ人」は、国籍に基づいた定義ではありません。

宗派によって「誰をユダヤ人とするか」に違いはありますが、基本的には「母親がユダヤ人であれば、子どももユダヤ人」。つまり、父親がユダヤ人であっても母親がユダヤ人でなければ、その子はユダヤ人とは認められないわけです。その場合は改宗が必要になります。

ですから「アメリカ国籍のユダヤ人」はたくさんいます。国籍とユダヤ人というのが併立するのですね。この辺りは「日本国籍所有者＝日本人」という感覚を持つ我々には、理解しにくいものかもしれません。

このように、国民国家の構成員である国民は、時の政権によって人為的に決められたり、つくり出されたりします。そして、そのようなある意味実体のない国民がまとまるために、国は、共通語、全国を対象として編集された新聞・出版物の発行、徴兵令、義務教育などによって「同じ国民である」という意識を持たせようとするのです。ひとつのイデオロギー、つまり政治的・社会的思想を共有する必要があるからです。

つまり、国民とは、**国家によって創り出された「想像物」**なのです。また、国民国家とは、アメリカの政治学者であるベネディクト・アンダーソンが言うところの「**想像の共同体**」といってもよいでしょう。

国境を越える諸問題

こうした国民国家のありかたは、問い直す必要があります。なぜか？　その最も大きな背景は、**グローバル化**です。グローバル化によって、ヒト、モノ、カネ、情報が国境を越えて移動するようになり、その結果さまざまな問題が生じています。

まず、ヒトの移動です。

仕事を求めたり、自国の政情が不安定などの理由から、移民が増加しています。海外の人が、自分の国に住むようになるわけです。すると国民国家の中で民族や言語の多様化が進みます。「だれが国民か」という問題も出てきます。

欧米諸国では、**移民排斥運動が続いています**。

移民は「安い労働力」となるため、職を失う恐れがあります。それを恐れて反対する人がいるのです。

そして、先にお話しした「誰が国民か」という国民のアイデンティティの問題です。自分たちと違う宗教の人々が大幅に増えると、**自国の文化や価値観が揺るがされてしまうと心配**するのです。たとえばヨーロッパでは、キリスト教の価値観がイスラム教の価値観に脅かされることに対する警戒心があります。

カネとモノが移動する

もうひとつは、カネ、モノの移動です。

多国籍企業は国民国家を超えて経済活動を行うようになりました。たとえば、日本の大企業であるトヨタ自動車も、アメリカに法人を持っています。また、EUのような「国民国家の連合体」においては、ヒト、モノ、カネは自由に移動できるため、**ひとつの国家の主権は抑制される**ことがあるわけです。

環境問題も地球規模

加えて、**地球環境問題**です。

国民国家だけのメリットを追求することで生じた環境への負荷（たとえばCO_2）は、自国だけではなく、世界中の国民国家にデメリットをもたらします。排出されたCO_2は地球規模で広がります。ですから、**国内のみの問題ではなくなる**のです。

また、情報のグローバル化、つまりインターネットの普及によって、国民国家の中にいなくとも、もっといえば**世界中どこにいても自国に情報を発信できる**ようになりました。世界中の人がある地域の事象について影響を与えることが可能なのです。

根強いナショナリズム

以上のように、近代的な国民国家はもはや成り立たないように思えます。しかし、オリンピックやワールドカップでの自国選手の活躍への盛り上がりを見れば、国民国家が、いまでもアイデンティティの基盤となっていることは明らかです。

日本でも外国人への差別・偏見は後を絶ちません。**国民国家に対するナショナリズムは根強い**ものがあります。

たとえば参政権。スウェーデンやデンマークでは、3年以上の居住で地方参政権が認められているのに対し、日本に何年住んでいても外国人には選挙権はありません。もちろん選挙に出馬することもできません。

ヘイトスピーチが後を絶たない、移民の受け入れが進まないなど、日本にはまだまだ取り組まなくてはならない問題が山積しています。

国民国家を考える場合、成立しているかしていないか、正しいか正しくないかといった安直な考えにとどまるべきではありません。近代をとらえるための正しい知識と現状の理解を進め、みなさんそれぞれに、今後の国民国家のあり方を考えてもらいたいと思います。

第四章に登場したキーワードのまとめ

科学技術

もともと科学と技術に分かれていた言葉。近代以降、科学技術によって私たちの生活は豊かになった。現在では「科学技術」として国家や企業と深く関わるようになり、社会に役立つことを目的とした研究ばかりが行われ、巨大プロジェクト化することも多い。実際には、科学技術は地球環境や人間の生命に関わるさまざまな問題を生み出している。

理性的な個人

近代を生きる私たちは、自分自身を、自由意志に基づき、理性的に判断できる「理性的な個人」だと思っている。しかし実際は、権力、法、思想、宗教、制度、環境、社会などから強い影響を受け、ある規範通りに判断し行動していることが多い。そして、そのことについて、強く意識しておく必要がある。

権力

個人の内面に「規範＝規律」を植えつける規律訓練型権力と、自由に振舞っていると感じさせる環境をつくり、行動をコントロールする環境管理型権力がある。現在の社会、とくにサイバー空間では、政治、企業などから環境管理型権力が行使され、個々人の行動がコントロールされている。

国民国家

国民国家の国民は、国家によって創り出された想像物である。ということは、国民国家とは想像の共同体であるといってよい。現在では、グローバル化、地球環境問題などによって国民国家は問い直されている。

近代とは何だったのかを知ることが重要！

関連キーワード解説

予防原則

新しい科学技術に対して、人の健康や環境に重大で不可逆的な影響を及ぼす恐れがある場合、科学的に因果関係が十分証明されていない状況でも、規制措置が可能であるという考え方。〈絶対安全／絶対危険〉という安直な二分法から脱却し、科学的な曖昧さに対応するために必要な思考法。

パノプティコン（一望監視施設）

イギリスの功利主義哲学者、法学者のジェレミー・ベンサムが考案した刑務所の囚人監視施設の方式。建物のてっぺんに監視塔を備え、それを囲んで円形に監房が配置される。監視塔から囚人の一切の状況や動きを把握できる一方、逆はできない。囚人は「いつも見られている」という意識を持たされる。学校・工場・軍隊・病院・寄宿舎などが、同じ形式になっており、近代人は、こうした集団化のなかで規律を訓練され、社会的な秩序を維持していくことになる。

アーキテクチャ

もともと建築分野の言葉だが、最近ではＩＴ関連で使用される「基本的な設計概念」のこと。アメリカの憲法学者のローレンス・レッシグによれば、サイバー空間では、人間に規制的に働く様式として、法、規範、市場、そして新しくアーキテクチャの四つがあると指摘した。日本では、哲学者で批評家の東浩紀が、アーキテクチャを「環境管理型権力」と言い換えている。環境管理型権力については、１７２ページ参照。

補講

今後の日本社会

第四章までで、社会科学の基本的な情報をお伝えしました。
本章では、社会科学の基本的な情報を少し発展させて、
今後の日本社会について、もちろん世界の問題も含めて、お話しします。
基本情報ではない発展的な話なので、「補講」としました。
本章の目的は、実際に社会科学系の小論文を書く際の考え方を
身につけることです。つまり、インプットした情報を
どのようにアウトプットするか、というお話です。
もちろん、小論文の書き方についてのお話なのですが、
小論文という試験を突破するだけでなく、これから社会について
考えていく上で、なんらかのヒントになれば幸いです。

1 〈情報化〉プラスとマイナス、どちらが大きい？ 情報化された社会

インターネットが世界を変えた

１９８０年代以降、情報技術が高度化し、さまざまなサービスが効率化されました。これはＩＴ革命と呼ばれます。

また、新しい産業が生み出されました。自宅にいながらインターネットで買い物ができるようになったり、検索サイトやＳＮＳのような新しいサービスが身近になりました。

現在はすでに、インターネットなしでは生活が成り立ちません。インターネットの「歴史」について、以下、少し触れておきます。

20世紀の終わり頃から、インターネットによって「いつでも、どこでも、だれとで

も」コミュニケーションをとることが可能になりました。

インターネットの最大の特徴は、双方向性です。新聞やテレビのようなマスメディアとは異なり、**すべての人が発信者になることが可能**になりました。国際電話に高い料金を払う必要はなくなり、画像を含めたさまざまなツールを使って、無料で海外の人とやり取りができるようにもなりました。

また「ウィキペディア」のように、誰もが自由に書き込み、修正することができる新しい形の情報提供サイトも生まれました。これらの情報は多くの人の目に触れることで、ある程度信頼できる情報となり、辞書や百科事典の代わりに利用されています。みなさんも使ったことがあるでしょう。

権威を持った個人やメディアだけが発信していた時代から、だれもが知識や情報をつくりあげる場に参加できるようになったのです。**一種の「集合知」**と呼ぶことができるかもしれません。

21世紀に入ったころ、**ユビキタス社会**という言葉がはやったことがありました。「いつでも、どこでも、何でも、だれでも」コンピュータ・ネットワークにつながることができる。そこでは各種サービスが提供され、豊かな社会になるということです。最近この言葉を聞かないのは、すでにその社会が実現しているからです。

スマートフォンがあれば、「いつでも、どこでも、何でも、だれでも」すぐにサービスを提供したり、受けたりすることができるようになったのです。

情報は永遠に残る「デジタルタトゥー」

もちろん、インターネット空間には問題も存在します。

情報が自由にやりとりできるということはとても大きな長所です。しかし、情報からお金が発生する場合は、その情報はだれのものなのかがとても重要になります。つまり、知的所有権が問題になるのです。

大学では、学生がコピペでレポートや論文を作成していないか、チェックをしています。**他人の著作を無断でコピーし、自分のものとして使うことは著作権の侵害**にあたります。さまざまな情報が自由に利用できるようになった現在、私たちは著作権について、もっと敏感にならなければなりません。

また、ＳＮＳなどに発信した情報は、かりに削除しても、コピーされることで永遠に残り続けます。これは入れ墨に準《なぞら》えてデジタルタトゥーと呼ばれます。

不祥事を起こした人物が、あわてて事件に関連する画像を消しても、それをコピーした人たちから、次々に証拠として突きつけられます。インターネットに何かを書き込んだり、画像やビデオをアップする際には、**「その情報は一生残り続けても構わない」という「覚悟」が必要**です。大げさな言い方かも知れませんが、後になって、自分の「黒歴史」を受け入れることができる人だけが、情報をアップしましょう。

ＳＮＳでは、多様な価値観を言論によって戦わせることが可能になります。そのため、公共的な討議空間になる可能性があります。

Facebook を通して民主化革命が生じた「アラブの春*」（「チュニジアの春」とも）などは、ＳＮＳが政治的な討議空間の役割を担った例といえるでしょう。

＊アラブの春　２０１０年末から始まった中東・北アフリカの反政府民衆運動。チュニジアの反政府デモから始まった。Facebook や Twitter といったＳＮＳを通じて情報が多くの国の人々に伝わった。

２０２２年には日本でも、元首相の国葬をめぐりネット上でさまざまな意見が飛び交い、議論されました。もしかするとみなさんも、ツイートをしたり意見を書き込んだりすることで、世論の形成に参加したかもしれません。

ただし、ＳＮＳでは、同じ考えの者が短時間で強く結びつき、異なった考えの人を攻撃するシーンも多く見られます。こうした現象はサイバーカスケード（集団極性化）と呼ばれています。自分と同じ意見の人の情報ばかりを見ていると、世の中の意見も自分と同じだと思えてくるものです。

「私の推しをみんなが推している」と言った生徒がいましたが、そんなことはありません。その情報は自分の好みによっておすすめされ、引っ張られてくる情報です。**「自分の意見＝みんなの意見」では必ずしもない**ということに注意が必要です。

情報は知らないうちに吸い取られている

「いつでも、どこでも、何でも、だれでも」がインターネットにつながっているということは、あらゆる人の情報が蓄積されるということでもあります。

ＪＲ東日本などが発行している「Suica」などのＩＣカード乗車券には、僕が「いつ、どこに行った」という情報が記録されています。QRコード決済サービスの「PayPay」で買い物をすれば、「いつ、どこで、何を買った」という記録が残ります。後で確かめられるから便利という側面がありますが、それは同時に、使用者本人が好むと好まざるとにかかわらず、**個人情報がサイバー空間に蓄積される**ということでもあります。このような状況をビッグデータ社会と呼びます。

マイナンバーカードは国民を管理するためのツール?

ビッグデータの利用は、企業にとって便利です。たとえば10代の若者が何に興味を持っているか、どのような商品を実際に購入しているか、がすぐにわかるので、商品開発の効率化を図ることができます。また、政府にとっては税金、社会保障費などの行政を効率化することが可能です。

しかしそのビッグデータは、だれにどのように使われているかわかりません。**いつ何時、どんな犯罪行為に利用される**かわからないのです。そういった不安を払拭することはできません。

たとえば、マイナンバーカードは国民にとって便利で、政府にとっては管理を効率的に行うことができます。政府が盛んに「マイナンバーカードをつくりましょう！」と呼びかけるのはそのためです。しかしそれは同時に、私たち国民が政府に「監視・管理される」ということに他なりません。権力側に有利な社会になっていくという問題について、考えておかなければなりません。

キャッシュレス化を強力に進める国には、人々のお金のやり取りを管理しようという権力側の思惑があります。現金であれば、お金のやり取りの跡は残りませんが、**電子マネーを使えば、どんな小さなお金のやり取りでもビッグデータとして永遠に残ります。**

AIが人間を超える日

自動掃除ロボット「ルンバ」、自動運転車、音声アシスタント「Alexa」、そして「Siri」。みなさんの身の回りに、ＡＩ（人工知能）が入り込んできています。（なにがＡＩかは、さまざまな定義があります）ディープラーニングという人間の脳に似せた機械学習の技術によって、将棋や囲碁のタイトル保持者をコンピュータが破ったというニュースが、記憶に新しいかもしれません。**人工知能が人間の能力を超えるのではないか、さまざまな職業がAIに奪われるのではないかという不安**が、現実のものとなりつつあるのです。

ここで重要なのは、ＡＩが人間のどの能力を超えることができるのか、人間を超えられない部分はあるのか、ということです。もし、ＡＩが人間と同等の能力を持ち、人間を超える存在になることができるとするならば、それは「人間とは何か?」ということを考えることになります。

2 〈ナショナリズム〉グローバル化で強まるという矛盾

ナショナリズムはどうやって生まれるか？

ある地域の共同体を形成するための思想や運動のことをナショナリズムと呼びます。

近代国民国家が成立するようになると、ナショナリズムは強く意識されるようになりました。そして国家イデオロギー、つまり強い国家主義、民族主義を中心とした政治的思想として利用されてきました。

そもそも国家という存在は、実体がありません。

第四章でお話ししたように（177ページ）、「想像の共同体」でしかないわけです。

したがって国家を維持するためには、神話、祝祭、儀式、教育、イベントなどをおこない、国語で書かれた新聞や雑誌が「創造された歴史」を広め、**ひとつの国家、ひとつの国民という意識を高め続ける**必要があります。

私たち日本人は、日本という国がそれこそ縄文時代から「存在する」と思っているかもしれませんが、そんなことはありません。たとえば江戸時代に生きた人々は、自分の藩こそがいわゆる「国」であり、日本人という意識はありませんでした。明治政府をつくった人々は、「藩」が「国」だと当たり前に考えている人々に対して、「日本」が「国」だと考えるようなナショナリズム教育、つまり国を愛する思想教育を必死になってやったわけです。

各国で強まるナショナリズム

グローバル化（64ページ）が進み国境がなくなりつつあります。グローバル化によって、国家や国境を越えて、ヒト・モノ・カネ・情報の交流が行われます。グローバル化は、自国や自民族を第一とするナショナリズムとは相容れないように思われます。しかしナショナリズムは衰えるどころか、その勢いを増しています。

アメリカのトランプ大統領（在任：２０１７～21年）は「アメリカ・ファースト（ア

メリカ第一主義）」を掲げ、自国を最優先し、国際社会への関与を徹底的に控えるという政策を取りました。そしてそれを熱狂的に歓迎した国民が多くいたのです。

欧米だけでなく、日本でもナショナリズムが強化される傾向にあります。学校での国旗掲揚や国歌斉唱の強制、道徳の授業での愛国教育の採用などにその風潮が見られます。

もちろん、国を愛する感情を持つことは、決して悪いことではありません。自分が住む国家を大切に思い、国民としての誇りを持つことは大切だと思います。しかし、ナショナリズムが引き起こした悲劇的な歴史を見つめ直し、国家や国民といったものを常に批判的にとらえることはもっと重要です。危険な国家主義や民族主義に、安易に傾かないような姿勢が必要なのです。

歴史教育とナショナリズム

そもそも歴史とは「語り」であり、語り手の数だけ歴史が存在します。そして大抵の場合、その歴史は勝者の歴史か、歴史を作ろうとするものの歴史です。

歴史的事実をどのように解釈するかは、ある意味自由でよいはずです。ただ、自由な解釈が認められるとはいっても、自国や自国民にとって都合がよい歴史認識ばかりでは、歴史的事実を見誤ることになりますし、諸外国との関係も悪化してしまいます。

たとえば、アジア諸国などに対する、侵略行為や植民地化の歴史を否定し、戦争を正当化するような動きには注意しなければなりません。さまざまな立場の歴史認識を学び、**妥当な解釈を常に考え、議論を続ける必要がある**でしょう。

歴史教科書問題もおさえておきましょう。

日本の小・中・高等学校で使われる教科書は、国の検定を経て許可されたものでなければなりません。みなさんが学校で使っている教科書は、国が「適切である」と認めたものなのです。そこに「国の意向」が働く余地があるのです。

たとえば近年、朝鮮半島における労働者の強制連行や従軍慰安婦問題など、日本の加害責任を記した教科書が不採用になったり、その記述が不十分になるという流れがあります。１９９０年代なかばから、それまでの教科書を「自虐史観」、つまり日本の加害を強調するような歴史認識だとして批判する人が出始めました。そしてそれらの人々が「望ましい」と考える教科書が作成されるようになりました。

この歴史教科書はのちに検定で合格し、採用する自治体が増えています。つまり**国が好ましいと考える歴史認識が掲載された教科書**が、使われている可能性があるのです。このような国による歴史教育への介入も、ナショナリズムの動きのひとつです。

歴史は科学

僕はここで、戦前の日本が正しい、間違っている、ということを議論するつもりはありません。ましてやそれを読者のみなさんに押し付けるつもりもありません。

僕が伝えたいのは、「歴史というものは自由に解釈されるものだ」ということです。そしてそれが、「いとも簡単に偏った思想を生み出してしまう」ということなのです。

歴史は現在進行形で書き換えられています。

たとえば「香港はイギリスの租借地ではなかった」という記述が採用された歴史教科書が、香港の学校で使われるようになりました。実際には1997年の中国返還まで、香港はイギリスの租借地でした。

このようなことが起こっているからこそ、**冷静かつ客観的、科学的に歴史を見つめることが必要**なのです。科学的に歴史を見つめる、もしくは、みつめ直す学問を「歴史学」といいます。歴史学は、客観的な証拠を数多く集め、そこから妥当な結論を導き、その結論により歴史を再構築します。歴史学は、広義の科学に含まれます。歴史学を学んでほしい、とまでは言いませんが、歴史学的な考え方、つまり、常に事実を客観的に検証する力は、無限ともいえる情報に囲まれて生活する私たちには必要不可欠です。

正しい答えはないかもしれません。私たちにできることは、正しい答えを見つけるために学び続け、自分の認識を修正し続けるということなのです。

3 〈憲法〉「どの部分に賛成か、反対か」と言えることが大切

制定から70年経った憲法

日本国憲法は、これまで一度も改正されたことがありません。施行以来、70年以上の年月が流れており、社会状況も国際関係も大きく変わっているため、現状に合わせた憲法に改正すべきという考えがあります。また、日本国憲法はＧＨＱ、つまりアメリカに押し付けられたもので、自分たちの手でつくった憲法が必要という意見も根強くあります。

ここで、憲法を改正すべきかどうか、改正するならばどこをどう改正するのかということは述べません。ただ、争点はどこか、については知っておきましょう。改正に賛成するにしても反対するにしても、「どの部分に賛成か、反対か」と言えることが

大切だからです。

憲法改正の争点

たとえば「校則を変える」という議論。「校則を変えることに賛成・反対」というだけでは、話は進みません。「特定の髪型の強制に反対」「制服のスカートの丈の長さの規制に反対」など、具体的な部分の指摘ができて初めて、建設的な議論ができるようになるのです。

日本国憲法改正のおもな争点を、以下に示します。

- **天皇の存在を象徴だけでなく、元首（国の長）とするかどうか？**
- **自衛隊を国軍とするかどうか？**
- **緊急事態と国が認めたときには、自由・人権を制限してもよいとするかどうか？**
- **「基本的人権」の条項を削除するかどうか？**

憲法は「国家権力を制限して国民の権利を守る」ためのものでしたね（79ページ）。

権力が暴走して、個人の自由や人権が侵されないようにするために存在しているのが憲法です。

そのこと自体、憲法の第99条に明記されていますので、見ておきましょう。

第99条「憲法尊重擁護の義務」
天皇又は摂政及び国務大臣、国会議員、裁判官その他の公務員は、この憲法を尊重し擁護する義務を負ふ。

実はこの部分が、憲法の肝なんですね。

ですから憲法について考えるときは、**「改憲案は権力者の力を強め、私たちの権利を奪うものになっていないか？」**という点に注意する必要があります。

たとえば、「国は好きなときに、国民を徴兵できる」という改憲案が可決されたら、徴兵されても文句は言えなくなってしまいます。このようなことが起こらないように、私たちは憲法についてもっと知っておく必要があるのです。

4 〈原発〉電力は必要、しかし問題山積

原子力発電は是か非か？

原子力発電は、電力を24時間365日、いつでも供給することができるため、安定した産業活動には不可欠といわれています。比較的安価で発電することが可能ですし、石油のように価格の不安定さに悩むこともありません。CO_2を排出しない「クリーンな発電」でもあります。

しかし、発電技術の開発、技術の維持、設置地域への補助金、廃炉、核のごみ処理などを考えると、安価でクリーンであるとはいい難いです。加えて、東京電力福島第一原発事故のように大事故を起こしてしまうと、その処理には莫大な費用がかかります。

もちろん経済的損失だけではありません。

事故に伴う避難区域の設定によって、多くの人が住み慣れた土地を追われ、生活、仕事、コミュニティーを失いました。そのように先祖代々の土地を追われた人々の中には、心と体のバランスを崩し自殺に至るという痛ましい事件もありました。

また土地に残った人々も、農作物の風評被害、汚染水の海への放出など、環境と経済、そしてその人生が大きく傷つけられたのです。このように人々の心と体の健康、自然、経済、生活などへ影響と、問題は尽きることがありません。

原子力発電に頼るか否か

また、事故を起こしていない原発にも問題はあります。

高温の排水によって、海を温めることが指摘されています。原子力発電は、蒸気の力でタービンを回して発電します。その蒸気を冷やすために海水を使うのですが、その温かい海水「温排水」が、海水温を上げてしまうのです。

一方、私たちの生活は電力に依存しています。

2022年には、電力需給の逼迫《ひっぱく》を知らせる注意報がつくられ、6月に初めて「電力需給ひっ迫注意報」が発令されました。これは、翌日の電力需要に対する供給の余力が5%を下回ると判断された場合に発令されます。節電の要請があったことを覚えている方もいるかもしれません。

6月に東京電力の電気を使う地域で発令された直接の原因は暑さでした。6月とは思えないほどの暑い日が続いたからです。ただその裏には、3月の地震による福島県内の火力発電所の破損や、東日本大震災後に原子力発電所の稼働が減ったことなどがありました。夕方に電気が足りなくなるのは、太陽光発電による発電量が減ってしまうから、という原因もありました。

現状存在する原発の再稼働や原発新設の是非、核のごみ問題、再生可能エネルギーへの転換の可能性など、あらゆる面で今後の原発のあり方を検討する必要があります。そのためにも、こういった電力逼迫などの身近なニュースを手がかりに、興味を広げてみましょう。

5 〈医療〉私たちの死生観が試されている

生活習慣病という現代病

戦後、日本などの先進国では、公衆衛生の向上、栄養価の高い食品の摂取、医療技術の向上により疾病構造が変化しました。慢性疾患、いわゆる生活習慣病が医療のメインターゲットになりました。

生活習慣病はその名の通り、ふだんの生活習慣が、疾患の大きな要因となっている病気です。

たとえば肥満。「メタボ」という言葉を聞いたことがあるでしょう。

「令和元年　国民健康・栄養調査報告」（厚生労働省）を見ると、20歳以上の男性の3人に1人が「肥満」とされています。肥満自体は病気ではありませんが、肥満が原因（遠因）となり、さまざまな病気が引き起こされることがわかっています。

生活習慣を変え、疾患にかからないようにし、早期発見・治療に努め、治っても再発しないように予防することが重要です。ということは、**医療はケアを中心におき、予防を促進する**必要があるということですね。

生まれる前に、子どもの遺伝子をチェックする

現在の医療は、人の誕生や死にも大きく関わります。

精子と卵子を体外に取り出して受精卵を作成し子宮に着床させることで、子どもを産むことが可能です。

このとき、受精卵は、遺伝子診断が可能です。遺伝子診断とは、特定遺伝子の有無をチェックすることで、病気があるか、将来病気になる可能性があるかどうかを診断する方法です。

このように、出産する前に検査を行うことを出生前診断と呼びます。

その中でも、受精卵の診断は着床前診断と呼ばれています。

作成したいくつかの受精卵に、染色体や遺伝子の異常がないかを診断し、より健康な受精卵を選択して、子宮に着床させるのです。受精卵に異常がなければ、安全な出産が期待できますし、子どもの健康がある程度保証されるなどのメリットがあります。

しかし、選択される受精卵と選択されない受精卵が存在するということは、生まれてくるべき命と生まれてくるべきではない命が存在するということになります。これは命の線引きがなされていることと同じです。**遺伝的な病気や障害がある人の尊厳を脅かす**ものです。障害がある人は生まれてくるべきではなかった、という飛躍した考えにもつながりかねません。

脳は死んでいる、体は生きている

臓器移植という技術は、死の定義を変えました。死後も自分の臓器がどこかで生き続けるという状況が生まれたのです。

日本では一般的に、心臓が止まること、息が止まること、そして瞳孔が散大することを基準にして死が確定されます。しかし、それでは多くの臓器が移植できません。心臓が動いているうち（体が生きているうち）に、臓器を取り出さなければならないからです。

そのため、日本における臓器移植法では、臓器を提供する意思がある場合に限っては、脳死を死と認めています。脳死とは、**脳幹を含む、脳全体の機能が失われた状態**のことです。回復が不可能になる状態といえます。

自分で呼吸することはできませんが、人工呼吸器で心臓が動いている状態のため、体は生きています。そのため、脳死と判定されたドナー（臓器提供者）から生きた臓器を摘出することで、レシピエント（移植希望者）に移植することができるのです。

つまり、脳死と判定されても一定期間、心臓や呼吸といった生命活動が維持されるわけです。患者の近親者にとっては、そのような人を「死んでいる」と納得することは難しいかもしれません。なぜなら私たちは、「呼吸停止・心拍停止、瞳孔散大固定」で、死を認めるという文化の下で、長く生活してきたからです。

そもそも、どこからが脳死で、回復が不可能になるのかは、医学的に線引きするのは困難です。にもかかわらず、脳死臓器移植を進めるということは、**法的・医学的に命の線引きを行っている**といわざるを得ません。

また、生前に臓器提供の意思表明をしていたとしても、死の直前に自分の臓器を提供する意思があったかどうかは、確認できません。現在では、本人が生前に拒否の意思を示していなければ、家族の同意により臓器提供が可能になっています。そしてこれは、15歳未満でも可能なのです。

これでは、自分の体に対する自己決定権は、曖昧なものになってしまいます。安易な延命措置停止や、子どもへの虐待隠しにつながることも懸念されています。

答えのない問い

以上のように、医学の進歩によって、生命とは何か、生命に価値はあるのかといった、生命倫理に関わる問題が生じてきました。これには正しい答えがあるわけではありません。時代の変化、技術の発展によって、私たちの考えや感情も変わっていくはずです。いつの日かクローン人間作成ですら、なんら問題ないことになっているかもしれないのです。

ただ、だからといって、すべてを肯定することはできません。その一方で、すべて否定することも現実的ではありません。常に**現時点での技術のあり方、社会の要請、そして生命倫理をふまえて、考え続けるしかない**のです。

6 〈人口減少〉すぐさま対策が必要なレベルに

日本の人口をくわしく見る

日本の人口についてまとめておきましょう。

総人口は、２００８年（1億２８０８万人）をピークに、それ以降一貫して減少。

年齢区分別の割合

・１９９７年に65歳以上人口（15・７％）が０～14歳人口を上回る
・２０１８年に65歳以上人口（28・１％）が０～14歳人口の２・３倍に
・２０１５年に75歳以上人口（12・８％）が０～14歳人口を上回る

●15～64歳人口

・1995年（8716万人）をピークに減少
・2018年（7545万人）はピーク時より1171万人減少
・総人口に占める割合は1992年（69・8％）をピークに減少
・2018年には59・7％と、6割を下回り、1950年以降で最低

●1989年と2018年の人口ピラミッド比較

・1989年は、「第1次ベビーブーム世代」が40～42歳となる
・2018年には69～71歳となる

日本では明らかに、人口減少と少子高齢化が進んでいます。次にその影響をまとめます。

・超高齢社会の到来⇩労働力人口減少による消費の縮小⇩経済の縮小⇩税収の減少
・税収の減少⇩行政サービスの低下（公共施設やインフラの老朽化、社会保障制度の

縮小)

・市街地の空洞化、防犯・防災機能の低下↓地域生活への影響

最後に、さまざまな問題への対応策を示します。

・合計特殊出生率を国民希望出生率1・80に上昇させ、人口減少に歯止めをかける（子育て世代への支援、多様な保育環境の実現）

・高齢者の寿命延伸、高齢者のニーズの把握、地域包括ケアシステムを実現することによる在宅高齢者の生活の支援

・企業誘致、空き店舗活用への支援

・移住・定住の受入態勢の整備

現実的には、人口減少を食い止めることは、「国難に対処する」といってもいいでしょう。現状よりも少ない人口で、そして、生産年齢人口が少ない状態で、どのような社会をつくっていくべきかを考えなければいけませんね。

7 〈安全保障〉「新冷戦」をどう生きるか

冷戦は終わったのか?

戦後日本の外交・安全保障政策の基本的な枠組みは、ひとことでいえば「憲法九条・日米安保体制」です。**戦争放棄と戦力の不保持を謳った憲法九条を維持し、日本の自衛力を必要最小限度に止めつつ、日米安全保障条約*に日本の安全を依存するしくみ**のことです。

*日米安全保障条約　1960年発効。「安保条約」と略される。相互防衛体制の構築やアメリカの軍隊の地位に関する協定（日米地位協定）などを含んだ内容となっている。

第二次世界大戦後は、アメリカや西欧を中心とする西側陣営と、旧ソ連と東欧の東側陣営が対立し、世界を二分しました。また、米国を中心とする北大西洋条約機構（NATO）に対し、旧ソ連などによりワルシャワ条約機構が結成されました。

米ソは核保有国として直接武力衝突はせず、アジア、アフリカ地域で代理戦争が行われたため「冷戦」と呼ばれました。そして、1962年には核戦争の寸前といわれた「キューバ危機」が起きましたが、衝突の回避後に米ソは緊張緩和を探ることになります。

新冷戦の時代

東西対立を象徴する、東西ドイツの「ベルリンの壁」が1989年に崩壊し、冷戦は終結しました。ワルシャワ条約機構は1991年に解散しましたが、NATOには東欧やバルト三国などが加わり、拡大路線をとっています。そして、近年の米中や米ロなど大国間の対立は「新冷戦」と呼ばれることもあります。2022年には、ロシアがウクライナに侵攻しましたが、21世紀の世界情勢に大きな影響を与えることは間違いありません。

Column

「日本国憲法第九条」について知っておこう

戦争を放棄した日本国憲法第九条を確認しておきましょう。

1　日本国民は、正義と秩序を基調とする国際平和を誠実に希求し、国権の発動たる戦争と、武力による威嚇又は武力の行使は、国際紛争を解決する手段としては、永久にこれを放棄する。

2　前項の目的を達するため、陸海空軍その他の戦力は、これを保持しない。国の交戦権は、これを認めない。

ざっくり解説すると、「日本国民は世界の平和を心から願うので、戦争をしたり、武力で脅したり、武力を使うことは永久にしません」「そのために、軍隊を持たないし、国に対して戦争する権利も認めません」ということです。

改憲の話、安全保障の話になると必ず出てくるのが九条です。世の中は「護憲・改憲」の議論に沸いていますが、みなさんは「九条とはどのような内容なのか」という基本をしっかりと押さえておくことが必要です。

8

〈世界の問題〉世界は繋がっている。問題も繋がっている

持続可能な社会の実現へ

SDGsについて、外務省のＨＰの説明を引用します。

持続可能な開発目標（SDGs：Sustainable Development Goals）とは、２００１年に策定されたミレニアム開発目標（MDGs）の後継として、２０１５年9月の国連サミットで加盟国の全会一致で採択された「持続可能な開発のための２０３０アジェンダ」に記載された、２０３０年までに持続可能でよりよい世界をめざす国際目標です。17のゴール・１６９のターゲットから構成され、地球上の「誰一人取り残さない（leave no one behind）」ことを誓っています。SDGsは発展途上国のみならず，先進国自身が取り組むユニバーサル（普遍的）なものであり、日本としても積極的に取り

組んでいます。（外務省ＨＰより）

つまり「持続可能な社会を作るための国際的な目標」ということです。ここでは、このSDGsに沿って、世界の共通問題を取り上げます。

世界で何が起きているのか？

世界で、６億９０００万人以上もの人々が、飢えに苦しんでいます。また、世界の食料のうち、３分の１に相当する13億トンが食べられる状態で捨てられており、「食品ロス」と呼ばれています。先進国では食べ残しや賞味期限切れ、途上国では農作物の輸送・保存環境の悪さが、その背景となっているのです。

世界各国の男女格差を示す「ジェンダーギャップ指数２０２２」では、日本は１４６カ国中１１６位です。主要7カ国（Ｇ7）では、最下位です。日本の女性国会議員（衆議院議員）は全体の１割程度です（94ページ）。

世界に目を向けると、性暴力・虐待、未成年の早期結婚、雇用機会・賃金の不平等、教育格差などが挙げられます。これらの女性差別は、宗教的な問題や、性別役割分業意識が背景にあると考えられます。

世界では、電気が使えない人が8億600万人いるといわれています。日本のような豊かな地域では、電気のある生活が普通ですが、そのエネルギー源のほとんどを化石燃料に頼っており、環境に大きな影響を及ぼしているのです。そのため世界では、クリーンなエネルギーの需要が高まっています。もちろん、個人としてエネルギーを無駄にしない意識を持つことも大切です。

18歳未満の子どもの10人に1人、1億5200万人の子どもが労働をさせられています。そのため教育を受けられず、健康的に育つことができずにいます。児童労働がなくならないのは、それが安い労働力だからです。私たちが手にする「安くていいもの」は、もしかするとそのような児童労働によってつくられているかもしれません。ですから児童労働の問題は、私たちの生活にも深く関わっているのです。

世界中のだれもが自由に自分の意志で働ける環境づくりが求められます。

SDGs
2030年までに
持続可能で
よりよい世界をめざす
国際目標ですね

おわりに

本書は、大学受験で社会科学系小論文が必要な受験生に、社会科学の基礎中の基礎を学んでもらうために書いたものです。書き始めるとき、できるだけわかりやすくしたいと思いましたが、それでも多くの読者にとって難しいものではなかったかと心配です。いかがでしたか？

出てきた数字や具体例を暗記する必要はありません。なんとなく結びつけて読んでおくことで、実際にそのテーマの小論文が出たときに、ぼんやりと思い出すだけでもアイデアに結びつくと思います。

もし、本書がとても難しく感じたとしたら、おそらくそれは社会科学の情報が、読者のみなさんにとって身近なものではないからです。つまりみなさんから距離が遠いものとなっているのですね。

たとえば、「受験生」と「立憲主義」は距離が遠いですよね。「受験生」と「国民年金」の問題も同様でしょう。そして距離が遠いということは、リアリティがないということになります。自分の問題として考えることができないということにもなるわけなのです。

そのため本書では、その距離が少しでも近づくように、身近な例やみなさんの年代につながる例をたくさん盛り込みました。

自分から距離が遠い問題を自分に引きつけること、これはものを考えるうえで大変重要なポイントになります。ですから、まったく関わりもなく、年齢も異なる人の考え方、戦争の被害を受けている異国の人々の苦悩、地球の裏側で労働を強いられている児童という問題、そうした距離の遠いことに関心を持つこと（＝自分ごと化すること）を、ぜひ続けてみてください。

それが読者のみなさんの思考力を、高めることにもなるからです。

これは何も、社会科学に限ったことではありません。

世界中の問題を自分ごと化する力、そしてその問題を批判する力を身につけるための訓練をしてほしい。世界と対峙し、さまざまな問題に立ち向かうことのできる人になってほしい。世の中を批判的な眼差しでありのままに見ることができれば、見える景色が変わります。本書を読み終えたみなさんであれば、そのことを少し感じ始めているかもしれません。これまで自分の頭の中を素通りしていた言葉が、何か意味を持つものになったのではないでしょうか。

少々大げさになりましたが、本書が少しでも世の中を批判的に見る練習になれば、僕は本当に嬉しいです。

さて、本書を執筆するにあたり、協力してくださった、かんき出版の荒上和人様、フリーランスライターの黒坂真由子様、あらためて御礼を申し上げます。

読者のみなさん、また別の本でお会いできることを願っております。

参考文献・資料

樋口陽一『自由と国家』（岩波新書）
樋口陽一『個人と国家』（集英社新書）
長谷部恭男『憲法とは何か』（岩波新書）
宇沢弘文『社会的共通資本』（岩波新書）
新井明、新井紀子他『経済の考え方がわかる本』（岩波ジュニア新書）
熊野純彦『西洋哲学史：近代から現代へ』（岩波新書）
村井吉敬『エビと日本人』（岩波新書）
浜矩子『超入門・グローバル経済』（ＮＨＫ出版新書）
インフォビジュアル研究所『図解でわかる　14歳から知る　日本戦後政治史』（太田出版）
日本経済新聞社編『戦後日本経済史』（日本経済新聞出版）
池上彰『日本の戦後を知るための12人　池上彰の〈夜間授業〉』（文藝春秋）
曽我謙悟『日本の地方政府―１７００自治体の実態と課題』（中公新書）
おおたとしまさ、蟹江憲史他『中学入試良問で学ぶニッポンの課題』（中公新書クラレ）
【一般財団法人　とうほう地域総合研究所ホームページ　スタグフレーション】
http://fkeizai.in.arena.ne.jp/kikanshi/kanwa

【経済産業省　資源エネルギー庁ホームページ　日本のエネルギー、150年の歴史④】
https://www.enecho.meti.go.jp/about/special/johoteikyo/history4shouwa2.html

【国立研究開発法人　国立環境研究所ホームページ　4大公害病】
https://www.nies.go.jp/nieskids/oitachi/yougo02.html

【東海東京証券ホームページ　バブル景気】
https://www.tokaitokyo.co.jp/kantan/term/detail_0433.html

【三菱UFJリサーチ&コンサルティングホームページ　世界経済バブル崩壊後の日本経済の10年】
https://www.murc.jp/report/economy/archives/economy_prospect_past/mid_past/er_081225_01/

【nikkei4946.com ホームページ　GDPについて知る】
https://www.nikkei4946.com/knowledgebank/visual/detail.aspx?value=216&page=3

【内閣府　令和2年版高齢社会白書（全体版）　高齢者】
https://www8.cao.go.jp/kourei/whitepaper/w-2020/html/zenbun/index.html

【埼玉しごとセンターホームページ　正社員と非正規社員の違いは何？「雇用形態」の種類とそれぞれの特徴】
https://hwus.jp/column/222

【根本博「格差に関する一考察」「開発金融研究所報」（2003年6月第16号）　所得格差、地域格差とは？】
https://www.jica.go.jp/jica-ri/IFIC_and_JBICI-Studies/jica-ri/publication/archives/jbic/report/review/pdf/16_03.pdf

【内閣府ホームページ「人口急減・超高齢化の問題点」】
https://www5.cao.go.jp/keizai-shimon/kaigi/special/future/sentaku/s2_3.html

【佐野社労士事務所ホームページ　非正規雇用労働者はなぜ増加したの？】
http://www.sharoushi-sano.jp/14875744883013

【EETimes Japan ホームページ】
https://eetimes.itmedia.co.jp/ee/articles/1708/16/news019_2.html

【Save the Children ホームページ 「非正規雇用」の問題は、「国家滅亡に至る病」である】
https://column.savechildren.or.jp/hinkon_no_teigi

【ELEMINIST ホームページ 「世界の『貧困率』の現状」、「所得格差を示す『ジニ係数』とは?」】
https://eleminist.com/article/1253
https://eleminist.com/article/687

【ピポラボホームページ 格差社会とは?】
https://www.cydas.com/peoplelabo/kakusashakai/#section1

【内閣府ホームページ「人口・経済・地域社会をめぐる現状と課題」】
https://www5.cao.go.jp/keizai-shimon/kaigi/special/future/sentaku/s3_2_14.html

【世界経済評論 INPACT ホームページ グローバル化と国際化】
http://www.world-economic-review.jp/impact/article1005.html

【レファレンス協同データベース（TPPについて)】
https://crd.ndl.go.jp/reference/modules/d3ndlcrdentry/index.php?page=ref_view&id=1000233003

【全日本民医連ホームページ 外国人労働者の実態 技能実習生問題から】
https://www.min-iren.gr.jp/?p=36650

【日本弁護士連合会ホームページ 憲法って、何だろう?】
https://www.nichibenren.or.jp/activity/human/constitution_issue/what.html

【J-Stage「公共性とは何か」橋爪大三郎】
https://www.jstage.jst.go.jp/article/jsr1950/50/4/50_4_451/_pdf/-char/ja

【あやめ法律事務所ホームページ 民主主義と立憲主義のはなし】
http://www.ayame-law.jp/article/14288064.html

【KAYAKURA ホームページ 公共性とは何か?】
https://kayakura.me/publicness/

【内閣府 NPO ホームページ　NPOとは】
https://www.npo-homepage.go.jp/about/npo-kisochishiki/npoiroha

【JANIC ホームページ　NGOを知る】
https://www.janic.org/ngo/#:~:text=NGO%E3%81%AF%E3%80%81%E4%B8%96%E7%95%8C%E3%81%AE%E7%A4%BE%E4%BC%9A,Non%2DGovernmental%20Organization%EF%BC%89%E3%81%A7%E3%81%99%E3%80%82

【知るぽるとホームページ　市場経済とは】
https://www.shiruporuto.jp/public/document/container/yogo/s/shijo_keizai.html#:~:text=%E5%80%8B%E4%BA%BA%E3%82%84%E4%BC%81%E6%A5%AD%E3%81%8C%E5%BF%85%E8%A6%81,%E3%81%AB%E8%87%AA%E5%8B%95%E8%AA%BF%E6%95%B4%E3%81%95%E3%82%8C%E3%82%8B%E3%80%82

【青山大学経済学部　経済研究所ホームページ　「経済学における効率性と公共性（合理的な意思決定）」宮原勝一】
http://www.econ.aoyama.ac.jp/laboratory/wp-content/uploads/2019/02/a1975ef5269f811309a70ecbfba68419.pdf

【リベラルアーツガイドホームページ　情報の非対称性とは】
https://liberal-arts-guide.com/information-asymmetry/

【日本総研ホームページ　新自由主義】
https://www.jri.co.jp/column/medium/shimbo/globalism/

【完全無料　中学校社会科オンライン授業ホームページ　市場経済と価格】
https://teacherceo-masajirusi.com/2019/12/13/post-1222/

【T-news ホームページ　知っているようで知らない「新自由主義」とは？】
https://www.tnews.jp/entries/17582

【NHK for school ホームページ　インフレとデフレ】
https://www2.nhk.or.jp/school/movie/clip.cgi?das_id=D0005402925_00000

【社会人の教科書ホームページ　「財政政策」「金融政策」の意味の違い】
https://business-textbooks.com/zaisei-kinyuu/

た行

な行

は行

ま行

や行

ら行

アルファベット

さくいん

あ行

か行

さ行

【著者紹介】

中塚　光之介（なかつか・こうのすけ）

◉――河合塾講師。大正大学専任講師。大阪府出身。

◉――早稲田大学卒業後の1993年から河合塾にて添削指導を行う（人文教育系、社会科学系、医系など）。2000年からは、すいどーばた美術学院で芸術系小論文、2001年からは、新宿セミナーで看護系小論文の指導を行う。

◉――2003年から河合塾小論文科講師となり、医系小論文、文系小論文、帰国生入試小論文を担当する。医系テキスト、全系統テキスト、全統論文模試、全統医進模試プロジェクトチームにも参加。

◉――また、AO・推薦対策全般（提出書類、面接など）の指導も行う。担当する小論文対策講座はいつも満席状態。夏期、冬期講習は、申込み開始後、即締切となるほどの圧倒的な人気を誇る。

◉――著書に、『採点者の心をつかむ　合格する小論文』『採点者の心をつかむ　合格する看護・医療系の小論文』『採点者の心をつかむ　合格する志望理由書』『採点者の心をつかむ　合格する小論文のネタ［医歯薬／看護・医療編］』（いずれも、かんき出版）がある。

採点者《さいてんしゃ》の心《こころ》をつかむ
合格《ごうかく》する小論文《しょうろんぶん》のネタ［社会科学編《しゃかいかがくへん》］

2023年３月23日　　第１刷発行

著　者――中塚　光之介
発行者――齊藤　龍男
発行所――株式会社かんき出版
東京都千代田区麴町4-1-4 西脇ビル　〒102-0083
電話　営業部：03(3262)8011㈹　編集部：03(3262)8012㈹
FAX　03(3234)4421　　振替　00100-2-62304
https://kanki-pub.co.jp/

印刷所――ベクトル印刷株式会社

 ISBN978-4-7612-3081-4 C7030